# わたしは意識の粒子となって浮いていた

それが「本当のわたし」だった

水谷フサエ

風雲舎

# （はじめに）不思議なことが続きました

わたしは、二十七年間コンビニエンスストアの店長として生きてきました。夫を病で失った後三人の子どもを抱え、さて、どう生きるかという段になって、あるご縁でコンビニ経営をすることになったのです。ところが見かけとは違い、この仕事は予想以上に激務でした。

商品の発注、陳列、値札貼り、売り上げの精算、弁当など廃棄ロスの処理、お店の清掃、接客などなど。それに、スタッフの勤務スケジュールの調整も悩みの種でした。誰かが急に休みとなってやりくりが付かないと、店長が代わりをしなければなりません。システムはめまぐるしく変化し、すべてが手作業の時代。いっときも目が離せませんでした。最初の三年間は、一日十五、六時間の勤務で、一度も休みを取れませんでした。

最大の問題は睡眠不足です。過労死寸前というところまで、やみくもに身体を酷使していたようです。へとへとになって自宅にたどり着き、バタンとベッドにもぐり込んだある夜、不思議な体験をしました。

寝ている自分の部屋の天井のあたりに、白い雲のようなものが浮いています。直感的に、それは自分だと分かりました。寝ている自分と白い雲のようなもの――その両者を観ている意識。それも、わたしでした。わたしは三層の自分に分解されていたのです。

そのあとは寝てしまったのですが、翌朝驚いたことに、身体が浮くように軽くなっていて、ひどい肩こりが跡形もなく消えていたのです（四十九歳）。

不思議なことが続きました。ある夜半、予感とともにエネルギーの波のようなものが足元からじわじわ腰のあたりまでやってくるのです。それは、「至福」としか言いようのないエネルギーの波でした。そのエネルギーは、わたしを抱きかかえ、部屋いっぱいに広がり、やがて天井を越えて出ていきました。「ありがとう、ありがとう、ありがとう」という言葉を残して……。

このエネルギーはたびたびわたしを訪れました。わたしの身体は震えるくらいのエネルギーで満たされ、細胞がクスクス笑っているような不思議な感覚になり、呼吸は腹式呼吸に変わっていました。意識は、いつも、ただ観ていました（五十歳）。

もっと驚いたのは、このわたしが粒子となって、果てのないような空に浮いていたことです。夜勤明け。自宅に戻って昼食をとったあと、夕刻の勤務に備えて身体を休めていたときのことです。

いつものように、ベッドの上で「大」の字になり、目を閉じ、瞑想の世界へ降りていくと、この日はいつもと違い、これまで味わったこともないような寛ぎがありました。肉体の細胞ひとつひとつが泡のように消え、残されたのは「じっと観ているひと粒の意識の種」のわたし。それが朝モヤのような至福のなかで、ただ浮いています。

そこにかすかな光が触れた瞬間、光と朝モヤ、そして小さな意識の種のわたしが境界線を飛び超え、粉々に砕け散り、粒子となって浮いていたのです。浮遊する空気中の埃《ほこり》のように……。

そのあとは普通の睡眠に移行したらしく、夕方になって目が覚めました。慌てて家を出て驚きました。自分が生まれ替わったと思えるほど、目に入るすべての景色が、霧がすっきり晴れたように一変していたのです。

この体験を機に、わたしの身体はエネルギーで満たされ、心は鎮まり、短時間の睡眠は目覚めた睡眠に質が変わり、「新しい人」に生まれ替わりました（五十一歳）。

粒子になったこの体験から、わたしのなかに二つの時の流れが生まれました。

ひとつは、「いらっしゃいませ、ありがとうございます」とにこやかにお客様に応対するコンビニ店長の現実の流れ。もうひとつは、真夜中の目覚めた瞑想的な流れ。その二つが相互補完しながら生きていたようです。

でも、（いったいあれは何だったのか。自分の体験したことだから理解しなければいけない。調べてみよう）という気持ちが日増しに大きくなったのです。自分でちゃんと納得したい、科学的に、実証的に知りたい……という想いが強くなって、以来、「本当のわたしは、すべてひとつの愛の粒子である」という、答えのある方程式の解き方を探す、長い旅をすることになりました。

そして、知りました。あれは自分だけに起きた、ちょっと奇妙な体験ではないこと。すべてのものの秘められた本当の姿——すべてのものの本質が霊的エネルギーであるということ。その本質に添った在り方が、すべてが幸せになる道だということを。

わたしたち一人ひとりの意識で、世界が変わるのです。だから多くの人にこのことを知ってほしい、本質に添った在り方をする「新しい人」を自分のなかに見つけてほしいと思うようになったのです。

「新しい人」は、争うことができなくなります。わたしたちは、お母さんのおなかの中の胎児なのです。大いなる愛に守られ生かされ、宇宙エネルギーの海に浮いているのです。そのなかで争い、傷つけ合うなんて、なんと愚かなことでしょう。

長い旅は七十五歳になった今も続いています。このような体験をさせていただいたことに、そのすべてに、とても感謝しています。思わぬご縁により、この本の解説を書いてくださった白鳥哲監督には、本当に大きな勇気と励ましをいただきました。心から感謝申し上げます。また、本のなかに勝手にお名前を挙げた皆様に、編集部の方々に、そしてこの本を手にしてくださる方々に、愛と感謝を贈ります。

水谷フサエ

カバー絵……水谷フサエ
カバー装丁……山口真理子

『わたしは意識の粒子となって浮いていた』……（目次）

〈第1章〉

# 満月とボタン雪の夜

## 病院の窓辺で

名古屋の夏は、六月五日の「熱田まつり」から始まります。

この祭りは熱田神宮の例祭「尚武祭《しょうぶさい》」とも呼ばれます。夕暮れになると、神宮の西門に二個、東門に二個、南門に一個、三百六十五個の提灯からなる大きな献灯巻わらが設置され、すべての提灯に一斉に火が灯り、六万坪の熱田の杜を幻想の世界に変えるのです。

「今年の花火が最後かもしれない……」

薄曇りの空に「ドーン、ドーン」と空砲の音が上がり始めた昼下がり、住み慣れた病院の窓辺で夫がそっと呟きました。自分に言い聞かせようとしたのか、わたしに伝えたかったのか、きっと両方だったのでしょう。夫は窓に肘をつき、音ばかりの空をじっと見ていました。

にぎやかに屋台が並ぶ参道を思っていたのでしょうか、それとも子ども神輿《みこし》を担いだときのかけ声や笛、太鼓のお囃子《はやし》がほろ苦く響いていたのでしょうか。あのまつりが目の前から消えようとしている……（夫はあの日を境に死を確信したに違いない）とわたしは思いました。

六年前の「……余命半年」というがん告知。十三時間に及ぶ手術。

職場復帰はかないませんでしたが、夫は、わたしが始めたお好み焼き屋兼居酒屋を手助けしながら、子どもたちと海で泳いだり山に登ったり、以前とあまり変わらない日々を送っていました。そんな暮らしも五年ほど過ぎる頃から、病院生活が増えていったのです。

夫の生家は熱田神宮の隣の町にあります。従業員を含めた大所帯の製造業。夫は六男一女の下から二番目。大学で応用化学を学び、ベースを弾いたりして、のんびりと学生生活を送ったそうです。

五つ上の夫とは、わたしが社会人になって間もなく姉の嫁ぎ先に遊びに行った折に知り合いました。お互い社会人になったばかりの未熟者同士でしたが、結婚を決意。夫の兄夫婦の力添えもあり、熱田神宮で式を挙げたあと、結婚生活をスタートしました。

数年後、実家の工場が郊外に移転するのを機に、わたしたちはまた夫の生家に戻りました。ありがたいことに、まず長男が、三歳違いで長女が、その翌年次男を授かり、わが家は五人家族となり、夫は独立して自営業に転じました。

子どもたちは、勝手を知った熱田神宮の杜を通学路に、遊び場にして大きくなりました。鯉に餌をあげたり、放し飼いのニワトリを追っかけたりして、のどかな風景のなかで歓声を上げていました。しかし、父親の発病と五年間の闘病は、三人の子どもにとって、いつも頭から消えない重いことだったに違いありません。

夫が入院するたび、一番下の次男は、二、三日に一度の割合で病院へ洗濯物を届けていました。野球少年だった次男は父と過ごす時間が多かったせいでしょうか、病院で数時間、父親と過ごしているようでした。自分の仕事で忙しく、病院に行くのもままならなかったわたしにとって、とてもありがたいことでした。

「お父さんと何を話しているの？」と聞くと、

「エレベーターを降りてすぐの談話室で、お父さんはいつもみんなと話をしていてね、エレベーターが開いて、ぼくを見ると、お、来たなと嬉しそうな顔でパジャマのポケットを探って〈ジュースを買っておいで〉とお金をくれる。お父さんの横に座って、特別何を話すでもない。夕方五時過ぎに病室に戻って夕食。相撲を見たり、おやつをかじったりしながら、お父さんが食事を終えるのを待っている。夕食が済むと〈暗くなるからもう帰りなさい〉とエレベーターまで送ってくれる」

似た者親子とはいえ、それだけで十分な様子ですが、わたしには余計悲しく思われました。夫には、どの子の未来も、ぼんやりとも見えてはいなかったでしょう。

熱田まつりが終わり、夏が盛りになる頃、小さな身体だけ残して、夫は旅立っていきました。一九八八年のことです。夫の死を強く実感したのは、仕事机の引き出しに新しい印鑑を見つけたときです。夫は、これからのわたしに必要になるだろうと実印と銀行印を用意してくれていたのです。（もう妻と呼ばれることはない……）と思うと、涙が溢れ、寂しさに襲われました。

父親の死は子どもたちに、「人は死ぬ」という厳粛な事実を、同時に虚無感を与えたようです。子どもたちはそれぞれ、その流れをじっと見つめていました。父が消え、母の姿の見えない寂しい家になりました。

しかし、子どもたちはすぐ解放感のほうが大きくなっていったようです。高三の長男はアルバイトで忙しくなり、高校受験を控えた長女はよく勉強していたのに、まったく勉強をしなくなって読書ばかり。次男は自分を支えるものを見つけられないでいたようです。

この後、長男は大学に、長女は四年制の専門学校へ進みました。高校中退のままコンビニで働き始めた次男に、わたしは「今日からこれを先生にしなさい」と『広辞苑』を渡すぐらいのことしかできませんでした。自分への慰めや気休めも交え、母子家庭の大黒柱としての無力を痛感していたのです。

あとになって次男から、「あの頃、広辞苑はずっと俺の枕だった。分からないことを調べていくと、次から次と読んで、そのまま眠ってしまった。いい枕になったよ」と言われました。ボロボロになった広辞苑。そんな話をきくと、何もしてやれなかった申し訳なさに胸が詰まりました。

## 山育ち

わたしが生まれたのは福岡県の英彦山《ひこさん》の麓にある小さな村です。英彦山は、福岡県と大分県の県境にあり、奈良の大峰山、山形の出羽三山と並ぶ日本三大修験道の聖地と呼ばれていました。英彦山神宮があり、江戸時代には八百の宿坊が軒を連ね、山伏や参詣者が訪れていたという記録もあります。山火事に遭い、中三のときに福岡へ越してくるまで、わたしは森の自然の中で育ちました。

その森の生活は、すべてが自然の営みとともにあります。

美しさ、神秘、驚き、そして恐怖も。

太陽が山と空を真っ赤に染めて沈むと、暗闇が訪れます。やがて月や星があたりの森や田畑一帯を黄や青、紫の世界に変えます。夜が明けると、夜露を浴びてすべてが生まれ変わり、朝モヤの中で輝きを放ちます。

春。木々が一斉に芽吹き、草薮《くさやぶ》では小鳥の赤ちゃんが生まれます。

夏の朝の始まりは虫たちの大合唱。

やがて夏は過ぎ去り、森はあっけなく姿も色も一変し、冬の訪れとともに、動物たちは雪野原一面に足跡を残します。普段はその姿をあまり見かけないのですが、足跡から彼らの生活の様子が生き生きと伝わってきます。

季節は確実に移り変わり、その横で人は生きている。すべてが自然とともにあり、すべてが宇宙と繋がっている……それが当たり前でした。

遊びもすべて自然が相手。台風で倒れた木は電車になり、自動車に変身し、ボートとなって海に漕ぎだすのです。想像力は自由に広がって、女の子はズック靴の底に石や木をくくりつけ、ハイヒールを履いた気分でよろけながら学校から帰ったものでした。

学校から家までは四キロの道のり。最後の一キロは杉林の中の細い山道です。杉山を出て峠を越えると、ようやくわが家。

朝、雪が積もっていると、父が竹ぼうきで雪をかき分け、峠の杉山の入口までの細い道を造ってくれました。湯気が立っている父の背中を見ながら、その後を姉、わたし、弟、妹と四人連なって学校へ向かうのです。その光景が、鮮やかに目に浮かびます。

四年生ぐらいだったでしょうか、ある秋の日の放課後、遊び過ぎたのか何かの練習で遅くなったのか、杉山に着く頃には夕日は沈み、杉の葉の隙間から星がひとつふたつ見えるだけ。道は真っ暗闇の中に消えています。ちょっと震えながら、わたしは土手や杉の木を手探りで伝い、手足の感覚を頼りにそろりそろりと歩いていました。

やっと半分過ぎた頃、ピンと張り詰めた静寂が微かに揺れるのを感じました。曲がり角のもっと先から「フサエ〜、フサエ〜」と呼び声が近づいてきます。暗闇の中の娘を怖がらせまいと、わたしの名前を呼びながら迎えに来てくれた父の声。提灯のぼんやりした灯りが走り寄ってきて、わたしは父に抱きかかえられました。父の腰の手ぬぐいにつかまり、真っ暗な道を父と帰ったあの安堵。あの感覚はその後何度もフラッシュバックしました。

子ども時代のこんな体験は、都会暮らしに慣れた大人になってからも、胸の奥にどっかりと座っています。生きていくわたしの価値観の基盤になって、どんな困難なときも「大丈夫、きっと大丈夫」と思えるのです。

大都会にも、まだまだ自然が残っています。

わたしはよく子どもを外へ連れ出しました。おにぎりやサンドウィッチを抱え、田んぼの畔道《あぜみち》や河原、山道を歩きました。道草しながらトコトコ歩き、歩き疲れた子は交代でベビーカーに乗りました。買い物はできるだけ遠くの店へ。一万歩コースや自然公園にも遠出。山にもよく登りました。

その話になると、「子どもをあんな山に登らせるなんて、今だったら虐待で訴えられるよ」と、あとになって次男に叱られましたが、山育ちのわたしには当たり前のことでした。

子どもたちに、わたしが経験した自然の怖さ、神秘、美しさ、虫や道端の花もみんな生きているのを感じてほしかった。光や自然のいのち。その力。心地よさ。それを感じてほしい、そんな感性で生きる大人になってほしかった。

でも、夫の死で穏やかな日々は断たれました。目の前の現実がギリギリ精一杯の生活に一変したのです。

大人になった今、どの子も都会の生活に少々生きづらさを感じているようですが、紆余曲折ありながら、それぞれ心地よい場所にたどり着き、自分らしい生き方をしているようです。彼らの目や心に自然が映っているのを見て、わたしは安堵を覚えました。

## 知らない世界がここにある

夫の発病後、専業主婦だったわたしは事務所を改装して、たった四席だけの「にわか居酒屋」を開くことになりました。

近所に、夫の幼馴染のお母さん、キヌさんがスナックを営んでいました。ご主人と死別。いつもふんわりと笑っていて苦労のかけらも見えませんでしたが、女手ひとつで二人の子どもを立派に育てあげました。夫や兄弟たちは子どものときからキヌさんのお店に入り浸り、駄菓子やお好み焼きを食べて遊んでいたようです。

夫は今後のことを考えてのことでしょう、キヌさんの知恵と力をお借りして、お好み焼き屋兼居酒屋を始める準備を整えてくれたのです。開店一年後、お店はお座敷のある十席の、れっきとした居酒屋となり、昼の食事、夜の居酒屋へと賑わいを見せることになりました。

十時の閉店時間を迎えても、半分以上のテーブルが埋まったままです。ようやくお客さまがいなくなり、従業員も帰って後片付けがすべて終わる頃には、もう日付が変わっています。くたくたの身体を引きずるように帰宅。そんな毎日を過ごしていたある霧の濃い夜――。

何かに誘われるように、わたしはすうーっとアスファルトの道を歩いていました。その日も疲れきって身体は引きずるほどに重いはずなのに、なぜか深夜の道を歩いているのです。

街路灯の光線がボワーッと霧に滲むように広がり、暗がりの世界に柔らかい光のトンネルが続いています。わたしは泣いていたかもしれません。

わたしはその霧のトンネルの中を、何かに導かれるように、ただ歩いていました。街路灯が途切れ、ぼんやり光るトンネルが消えた瞬間、霧のむこうに小さな丘が現われました。見上げると、四、五本の細い樹木とその影が何かの模様のように浮かんでいます。

（あれ、ここは公園）近くの児童公園に入り込んでいたのです。（なぜこんなところに？）勝手に足が動き、それに身を任せるように、わたしはその丘を登り始めました。と突然、大きな満月が煌々と光を放って視界に飛び込んできたのです。

「ああ、今日は満月……」

気がつけば、霧はいつしか綿の花びらのようなボタン雪に変わり、天と地を繋ぐように切れ間なく降りています。その光景に引き入れられるように、わたしは小さな木の傍らにうずくまり、祈るように天空の神秘のショーを見つめていました。

……どれくらいの時が流れたでしょう。

ふと気づいたとき、（ああ、わたしの知らない別の世界が、ここにある）と感じていました。その感覚だけが頭に強く残されました。慌ただしく走り去る日々の時間。その刹那に、別の世界を垣間見たような気がしたのです。「見えない世界がある」と。

「見えない世界」はどんな世界なのか、何を意味するのか、それも分かりません。けれど、この満月とボタン雪の光景はまるで絵のようにわたしの頭に焼き付いて、なぜかいつまでも残っていました。

このことは、その後すっかり忘れていました。この夜、わたしは「神秘の世界」のドアを叩き、そして、満月の前に額《ぬか》づいていたのが瞑想だった……と気づいたのは、ずっと後になってのことでした。

## コンビニの店長さん

バブル崩壊といわれた一九九〇年、四十二歳のとき。

夫が亡くなって一年後。時は優しく流れ、わたしの心が少し埋められた頃、大きな転機が訪れました。

夫の実家がビルに建て替わることになり、住んでいたわたしたち一家は出ることになったのです。結婚以来、その大半を過ごした熱田。熱田の杜は子どもたちの通学路であり遊び場、ふるさとです。大事な場所を去る寂しさもあり、新しく始まる生活への希望と同じくらいの不安を抱えた出発です。

出ることに決まり、さてどうするかという矢先に、コンビニ経営の話が現われました。長男がコンビニでのアルバイト経験があったこと。実家の母がどなたかに「あなたの娘さんは神さま仏さまの導きがあるから大丈夫ですよ」と聞かされていたこともあって、わたしはこのご縁を大事にしようと思いました。

こうして名古屋のある商店街のビルの一階で、コンビニを経営することになったのです。フランチャイズ加盟店としての契約。「コンビニの店長さん」の誕生です。

大学入試にセンター試験の導入。

テレビで「ちびまる子ちゃん」の放送開始。

スーパーファミコンというゲームが大人気になった……。

ちなみに、コンビニエンスストア、いわゆるコンビニが日本に登場したのは一九七〇年。わたしがオーナーになった当時は、どのチェーン店もあまり違いがなく、業界自体が未熟な時代でした。二週間の研修期間を経て、店長のわたしとマネージャー役の姉、そのほか十数人のスタッフを乗せ、大都会の駅裏で、終日眠らない小さな店が走り始めました。

夫の実家を出ることになったものの、近所に一軒家を借りるには家賃が大変です。しばらく躊躇していたのですが、郊外の妹の住まいの近くに引っ越しました。通勤時間は一時間。

わたしの勤務は朝七時から。夜勤スタッフから店を引き継ぎ、夜十時、夜勤者に引き渡すまでの十五時間。やり残した仕事を済ませて、急いで終電に飛び乗るのがやっと。乗り遅れることも珍しくなく、倉庫の荷物に紛れて寝ることもありました。スタッフは時間差で出勤。夜勤以外は常時三〜四人のシフト制。

当時の仕事のほとんどが手作業です。

ひとつひとつの仕事にひどく時間がかかっていました。発注は、ノートを繰りながらペン状のリーダー読み取り機でスキャン。商品を陳列するには、ひとつひとつに値札を貼り付けなければなりません。伝票で値段を確認して、手入力です。弁当などの廃棄ロス処理にも悩まされました。一日に三回の賞味期限チェック。おにぎり、サンドウィッチ、パン、お総菜、デザートなどなど。

アイテムごとにノートに記入し、それぞれの数字を卓上計算機で集計。精算は、その日の売り上げとその他のお金の動きを指定の用紙に書き写し、計算機で、これも自分で集計。ようやく終わると、銀行へ走る。

これに加え、接客や商品陳列、清掃などの日常作業もあります。始まりも終わりもないような、際限のない仕事が毎日続くのです。

開業して三年以上、わたしは休みが取れませんでした。スタッフに急の休みが入ると、わたしがちょっとした休憩だけで、そのまま夜勤シフトに入ることもありました。

毎日毎日、お店は目にも止まらぬ速さで回転し、ただ惰性で走っているようでした。疲れと寝不足。レジに立っているとき自分の身体を支えきれずに崩れ落ち、お客さまを驚かせたこともあります。

行動も思考も上っ面《つら》。自分がどこにいるのか、はっきりしません。何かを考えても、意識のなかまで届きません。自分の行動が自分のものとは捉えられず、誰かがやっているのを遠くから見ているような感覚。

それでも身体の動きは止まらず、止めることもできません。ただひたすら走り続けていました。過労死寸前だったに違いありません。

## 万能の物差しがほしい

でも、ささやかな楽しみがありました。読書とコーヒータイム。読書といっても通勤中の歩き読み。コーヒータイムも、缶コーヒーの立ち飲み。唯一、自分を取り戻せる大切な時間。

家から駅に続く道沿いに小さな川と線路。その間の花壇には、無造作に、いつも四季折々の花が咲き乱れ、その先に、背の高い孟宗竹《もうそうちく》が空をかき混ぜるようにゆっくり揺れています。

ある朝、いつものようにコーヒーを買おうと家のすぐ下にある自販機にお金を入れると、自販機の脇からコーヒーを握った手がニュッと出てきました。「キャッ」と跳びのいて見ると、大学生の長男が「おはよう」と笑っています。

過労死してもおかしくない母の様子を心配してくれたのでしょう、こんな小さなことが嬉しかった。三人の子どもたちはアルバイトとして店頭に立つなど、何かと助けてくれました。

駅から店までは貴重な読書タイム。「店長、どこへ行くの?」と、眠たげな顔の夜勤スタッフに呼び止められることもしばしば。本に夢中で、お店を通り過ぎてしまったのです。読み歩きの最中に、ひったくりに遭遇したこともあります。とっさに出た叫びが「出合え、出合え、曲者じゃ」。頭のなかは、読んでいた歴史小説で占められていたのでしょう。入れ墨をした男性を万引き犯と間違える騒動。野球選手の追っかけで家出してきた高校生にスタッフがお金を貸してしまったこと。万引き。小さないさかい。新米店長のわたしは頭を抱えてうろうろするばかり。どう対応していいか分からなかったのです。

でも、どうしてあの状況で、歴史小説ばかり読んでいたのでしょう。何を求めていたのでしょうか。新米店長は毎日毎日やってくる煩雑さに対応できず、(もっとシンプルにものごとを見たい)(どんな状況も測れる万能物差しはないだろうか)と答えを探していたのだと思います。

歴史を創ったリーダーたちは、そんな普遍的な真理や核になるものを見つけていたのではないでしょうか。(よりどころがほしい、その秘密を教えてほしい)と、歴史小説に答えを探していたのです、ずっと意識して。とはいえ、小説は書き手の想いでつくられたものだとも分かっていたので、ささやかな息抜きだったのかもしれません。

大都会の駅裏の商店街。

人が駅に吸い込まれては吐き出され、吐き出されては吸い込まれ、まるで呼吸するように生きています。そんな街にできた初めてのコンビニ。

開店した頃は眠ったように見えたシャッター商店街も、コンビニができ、コインランドリーができ、商店街の外れにワンルームマンションが建つと、急に、活き活きと生気を取り戻していきました。

主婦や年寄りのなかには、コンビニを利用しているのを知られたくなく、買った荷物をマイバッグに入れて隠すように帰っていく人もいます。

朝夕は駅へ急ぐ学生やビジネスマン。日中は、この街を仕事場にするセールスマンや店員さん。公園や商店街を徘徊するホームレス。夜になるとネオンの下に、どこからともなくやってくる人々。

深夜の店内には「お休みなさい」と「おはようございます」が同時に訪れ、どっちの挨拶をすればいいか、スタッフたちを悩ませます。狭い場所に閉じ込められ押し合いへし合い、揉めごとや喧嘩も絶えず、みんな一生懸命でした。さまざまな人がさまざまな思いをもって、みんな必死に生きている……そんな時代でした。

「店の前の話し声がうるさくて眠れない」

「店頭に置いていた自転車がなくなった」

「傘入れにおいた傘がなくなった」

「万引きだ」

「家出した女の子がいる。どうしたらいい？」

「自分の家が分からなくなったおばあさんがいる」

「若い女性が誰かにつけられ、助けを求めている」

昼夜を問わず、次々に起こるトラブル。店長は的確に処理しなければなりません。夜中に呼びだされることも多く、自分では解決できず、警察のお世話になったこともあります。未熟者のわたしの頭はいつも一杯いっぱい。パンク寸前でした。


お客さまだけではありません。

スタッフたちの生活が成り立つように配慮するのも店長の大事な仕事。スタッフの多くは働きながら学校へ通っていたり、かけ持ちで仕事をしていたり、例外なく生きることに必死でした。

スタッフは国際色豊か。二十代の中国人学生、韓国、ミャンマーからの女子学生、ベトナムからの男子学生、ネパール人の留学生とその妻と妹。半分が外国からの留学生。日本人は近所の主婦、高校生や予備校生、漫画家志望の男の子。比較的、入れ替わりが少なく長期スタッフが多かったせいか、店長は自然にその生活に関わることになります。

「店長、お願いがあるのですが……」

礼儀正しい三十代のネパール人。

「はい、何ですか」

「うちの奥さん、家から出ないのです。日本語分からない。家の中ばかりでよくない。どうしたらいいですか？」

奥さんはときどき彼と一緒に買い物に来ているので、挨拶ぐらいは交わしています。

「よくないね、それは。何かいい方法を考えてみようよ」

スタッフのみんなが彼女に日本語を教えることで、短い時間ですが、奥さんは仲間になりました。数年後、この家族はコンビニの前にネパール料理店を開店。その後、二号店も経営することになりました。郷里のネパールから、ときどき子どもさんやお母さん、兄弟たちが訪れるようになりました。みなさん明るい努力家。誠実な一家です。

こんなスタッフもいます。

「店長、わたし、トイレ掃除できない」

「どうして？　みんな交代でしているよ」

「他人のトイレ、今まで掃除したことがない。これからもすることないから。そのため、いま勉強しているよ」

「日本ではトイレをきれいに掃除すると、トイレの神さまのご利益で心も姿も美しくなると信じられているよ」

「わたし、韓国人だから関係ないよ」

問題が起こるたびに、「どんな問題でも一瞬に答えが解ける、魔法のような万能物差しがほしい」と思っていました。考え方や価値観の核になるような真理――それを求めていたのです。

落ち着かない、不安な日々が続いていたものの、店の経営は少しずつ軌道に乗り、開店三年が過ぎる頃、不定期ながら、わたしはやっと休みがとれるようになりました。

ちょうどその頃、駅と店の間に十一階建てのビル建設工事が始まりました、毎日横を通りながら（何ができるのだろう？）と気になっていました。

ビルがほぼできあがる頃、「一階にコンビニ店が入るらしい」との情報。

なんてこと！

半年先の完成とはいえ、駅寄りに競合店ができれば売り上げが半減するかもしれません。

またスタート地点からやり直し？　閉店？　それが頭から離れません。

ようやく終電に飛び乗り、日付が変わって家に着いたある夜。玄関を開けると、三人の子どもたちはまだ起きていてレゲエの曲が流れていました。荷物を降ろしたわたしは、なぜか急に、ほとんど発作的に、曲に合わせて踊り始めました。しばらく身体を揺らしていると、自分の口から急に「うーっ、うーっ」と嗚咽《おえつ》が漏れてきたのです。

「どうしたの」びっくりして寄ってくる子どもたち。

泣きながら競合店の話を漏らすわたし。

すると長男が、

「なーんだ、母さん、決まってもない半年先のことを悩んでどうするの。やっと休みがとれるようになったというのに。半年先のことを心配するより、今、することがあるでしょう。少し、身体も心も休めなさい。楽しい気持ちを取り戻さないといかんでしょ」

「競合店のことは、母さんが決めることではないのだから、これまでどおりやっておればいいよ」と次男。

言われて「ああ、そうか。そうだった」と頭で理解したものの、まだ不安げなわたし。

それを見た娘が「よしよし、よしよし」とわたしの頭を撫でてくれました。しばらくすると、まだ残っていた何かが嘘のように消えました。でも、また涙が出てきました。

（第2章）

# 三層になったわたし

# 街路灯の光の下で

一九九四年。コンビニ店長五年目。四十七歳。

学生時代アルバイトとして店を助けてくれていた長男が「大学を出してもらったので三年間だけ会社勤めをする。でも、その後は自分のしたいことをするよ」と言い残して家を出ていきました。言葉どおり三年過ぎた頃会社を辞め、潜水や船舶の免許を取り、自分の船を手に入れ、沖縄で海人《うみんちゅ》になりました。五十歳になった今、彼は海を見下ろす丘に家を建て、真っ黒になって頑張っています。独立独歩の開拓者です。

開店と同時にアルバイトとして手伝ってくれた次男もコンビニを辞めて店の近くでひとり暮らしを始めました。家に残るのは専門学校四年生の娘だけ。ちょっと寂しくなったものの、肩の荷はずいぶん軽くなりました。

その夜も終電に飛び乗って居眠りしながら自宅のある駅に到着。いつものように家まで十分ほどの道を歩き出しました。駅を出て、線路わきの小道をまっすぐ進んで踏切を渡り、右手の坂道を登ればわが家です。

そろそろ家に着くとホッとしたそのとき。突然、街路灯の灯りが霧の中にボワーッと広がり、あっという間にわたしはその光の中に迷い込んでいました。息を吐いて目を凝らすと、光の先に見覚えのある家々がぼんやりと見えるような気もします。

ああ、あっちだとその方向に踏み出しました。ところが行っても行っても、街路灯の青い光から抜け出せないのです。目と鼻の先にあるはずのわが家に着けない。焦りながらしばらく歩き回り、疲れた……と立ち尽くしていると、「カンカンカンカンカン……」と踏切の警報が鳴りました。

目の前を、ゴオーッと電車が通過した瞬間。いつもの見慣れた景色が現われました。なぜか、わたしは家のすぐ裏にある竹山の先の踏切にいたのです。さっき通った踏切のひとつ先の踏切。どうやら同じところをぐるぐると回っていたようです。

もともと、わたしはひどい方向音痴。

子育て中の散歩のときも、子どもたちに連れられて歩いたといってもいいほど。でも、自分の家が分からなくなるなんて……疲れがたまっておかしくなってしまったのかな。

その後も、迷子になるようなことがたびたび起こりました。

いつも深夜。それも、街路灯の灯りの下や、深夜のネオンの中。

灯りがボワァーと近づいてくると思ったとたん、霧の中を彷徨《さまよ》っているみたいになるのです。そのうち、(……そうだ、満月とボタン雪の夜もそうだった)と気がつきました。五、六年前、霧に取り込まれ、公園の丘の上で見た不思議な光景。あの夜と同じです、共通しているのは、時が止まったような空間にいること。それに気がついたのです。

規則正しく流れる現実の時間。それとは別に、そのすぐ裏に重なるように、別の流れの世界があるように思えました。そこに迷い込んでいるのかもしれない……。

## 魂が泣いている

一九九〇年代に入るとすぐ、バブル経済が破綻。

多くの企業が倒産、名のある金融機関まで破綻しました。

「消費こそ美徳」といわれた時代は突如終わりを告げたのです。世の中が一変してしまいました。「就職氷河期」といわれるようになったのもこの頃です。

この後、阪神・淡路大震災、オウム真理教による地下鉄サリン事件が続き、日本中すっぽりと不穏な空気に包まれていきました。

この大都会の駅裏一帯も、暗く混沌としてきました。

ホームレスの姿が多く目につくようになったのです。

その人たちは近くの公園や商店街の片隅で酒盛りをしたり、日向ぼっこをしたり、路上でゴロ寝したりと、する仕事がないので気のむくままに日を送っているようです。よく観察すると、ホームレスといってもそれぞれ様々な状況があるように見えました。

河原や高架下、橋の下などで寝起きして、日中は、街中で日常生活を送る野宿感覚のような人。都市高速道路の下には、段ボールや木材の切れ端などで作った仮の小屋が並んでいます。どの小屋の入口にも七輪や竈《かまど》らしきものがあって、粗末ながらも暖かな夕餉《ゆうげ》があることをうかがわせます。ここから仕事を探しに出て行って、日々の糧を得ているのでしょう。

気の毒なのは、住まいを失い、公園や路上を生活の場としている路上生活者。わたしが帰宅する終電間際、広い駅の軒下の暗がりを覗くと、異様な光景が目につきます。コンクリートの上に、黒く太い線がずっと続いているのです。よく見ると、汚れた毛布一枚にくるまった人が、自分の身丈分だけの場所を確保して、数珠つなぎに並んで眠っているのです。昼間でも、よく見ないと前後の区別もつかないほど汚れた人たちがウロウロ毛布を被ったまま徘徊しています。

片方の靴しか履いていない人。ヨレヨレの毛布を身体に巻き付けて、真冬のアスファルトの上を素足で歩いている人。破れたズボンからお尻が飛び出しそうな人。段ボールを大事そうに抱えて通り過ぎる人。

この街は彼らにとって暮らしやすいのでしょう。飲食店の裏口のゴミ箱には食べ残しが捨てられているし、雑多で猥雑な景色のなかでは、汚れた姿もそれほど目立ちません。なにより、周りに同じような境遇の人がいるから安心できるのでしょう。

仕事の傍ら、わたしは毎日毎日、何年も、このような風景を、この人たちを見てきました。自宅に帰って暖かい布団に入ると、帰り道で目にした、数珠つなぎで寝ている人たち、身を凍らせながらわずかな睡眠をとる姿がまぶたに浮かび、どうしようもなく心が痛むのです。

ホームレスになった原因はそれぞれでしょう。はじめはみんな、これはいっときの仮の姿だと踏ん張ったに違いありません。ところがだんだん、生きるに最小限の、食べることと寝ること以外はすべて放り投げた……そんなふうに見えました。

動物や鳥たちでさえ、苦しみや哀しみはあっても、喜びの声を上げ、生を謳歌しているというのに、人間として、動物以下の、こんな生でいいはずがありません。

こんな世の中では、そんな事態がいつなんどき誰の身に降りかかってもおかしくない。「わたしは絶対にこんなふうにはならない」と言いきれるでしょうか。

わたしは、どうしても見過ごすことができないときだけ、手を差し出すことにしていました。裸足で凍てつく道を歩く人や、お尻を出して街中を徘徊する人を見過ごすことはできません。幸いここは商店街、丈夫な作業服が安価で手に入ります。それを用意して渡しました。

片方の靴だけのあの人は、もう片方を手に入れただろうか。
二、三日後、その人に出会うと、裸足でした。銀行からの帰り道、前を歩いていたその人を近くの靴屋さんに連れて行き、「これでいい？」と聞くと、意外にも指で奥にある別の靴を指しています。無表情だった顔がほんの少しはにかんだように見えたのは、わたしの思い過ごしでしょうか。
彼らホームレスに共通することがあります。「言葉を閉ざす」のです。言葉を発する人をあまり見たことがありません。人間社会を捨てる決断をしたとき、言葉を捨てることで、それまでの自分に不本意ながら、けじめをつけたのでしょうか。そのときの気持ちを思うと、切なく、悲しくなります。

言葉を閉ざしても、何かを思い、何かを感じていてほしい。寝場所を探すとき、美しい月に気づくでしょうか。お日さまの暖かさの中で横たわるとき、手を合わせることがあるのでしょうか。それとも、感情さえも消してしまわないと生きてはいけないのでしょうか。

駅裏のコンビニは、こういう人を無視してはやっていけません。空き缶を拾い集め、それを売ったわずかなお金で酒を買いにくる、異臭を漂わせた歓迎されないお客さん。お断りすることもありますが、わたしは基本的には差別をしないと決めていました。

大量に出るロス弁当を持ち去るのは見過ごせるとしても、ゴミ袋を破って、あたり一面にばらまかれると、（それなりのマナーがあってもいいのでは）と怒りを覚えるときもあります。

大学生のスタッフに「そんなことをしてもきりがない。国の仕事だよ、国が何とかするべきだよ」と言われても、無関心ではいられません。お正月になって雑煮も食べられない人に、雑煮を食べてもらったこともあります。おでんの容器で作って売っていた雑煮をお分けしたのです。当時、こんな自由がまだ残っていたのです。

ある年のクリスマスの夜、「店長、ホームレスが万引きです」とレジのスタッフが呼びにきました。出ていくと、弁当売り場に汚れた長いコートを着たホームレスらしき人が立っています。たしかにコートの隙間から弁当のようなものが見えます。

「そこにあるものは何ですか？」と声をかけると、その人はビクッともせずに、中身が片方に寄った寿司弁当を差し出すと、悲しげな、虚ろな目で出ていきました。

（ああ……今日はクリスマスだというのに）わたしは、すぐその弁当と、小さなケーキ、熱いお茶をビニール袋に入れ後を追いました。（いない。どっちへ行ったのだろう）姿が見当たりません。自転車に乗り換えて立ち並ぶビルの暗闇を走りながら、涙がポロポロ、ポロポロ止まりません。深い悲しみ。ああ、わたしの魂が泣いている……。

## 三層のわたし

一九九六年九月末。四十九歳。コンビニ店長六年目。

まだ学生だった娘と二人暮らし。といっても、こちらは十六時間勤務の毎日で、家には、寝に帰るだけ。その日もいつものように（今日もよく働いたね、よしよし）と自分の頭をなでながらベッドに入り、そのまますぐ、ぐっすり寝てしまうはずが、その夜に限って寝入りばな、不思議な感覚に目が覚めました。

「……うーん？」

目が覚めていたのか半覚醒だったのか、定かではありません。真っ暗な部屋の天井のあたりに、細長い、白い雲のようなものが浮いているのが見えました。その白い雲のようなものは自分だ、と頭の奥で直感的に知っています。

わたしの肉体は布団の上。手のひらを上向きに開き、「大」の字になって、抜け殻のように横たわっています。その上に、わたしと思われる白い雲のようなものがあります。その両者を、布団と天井の中間あたりから、ただ観ている意識がいます。その意識もわたし。

屍《しかばね》のように横たわっている自分の肉体、白い雲、それを観ている意識。

わたしは、三層のわたしに分解されていました。

あとで考えると、このときの意識は、それまでのわたしの意識とは違っていたようです。感情や思考が働く余地はまったくなく、意識がただ観ていただけ。でも、いつのまにか深い眠りに落ちたようです。

翌朝「チッ、チッ、チチ……」と、普段なら気がつかない小鳥の鳴き声で目が覚めました。（あれは何だったんだろう？）前夜の不思議な出来事を思い出しながら、起きてびっくり。身体が浮くように軽いのです。「なに、これ……？」

身体を動かしても、頭を振っても、おかしなところはない。

ともかく仕事。慌ただしく用意して、電車に飛び乗ります。普段電車の中は貴重な睡眠時間なのに、なぜか眠れない。……あれっと気がついたことがあります。

わたしは学生の頃から、ひどい肩こり。家族に肩たたきを頼むことが常。年を取るごとにひどくなり、お店に入っても、暇を見つけてはロール状に巻かれた業務用ゴミ袋でトントン、トントンするほどでした。何十年と連れ添ったその肩こりが、ないのです。ひと晩で跡形もなく消えていたのです。こんな不思議なことがあるでしょうか。

昨夜の体験のこと、肩こりがなくなったこと。それを周りの人に話しても、誰も信じてはくれません。（あれはなんだったのだろう？）ずっと気にかかっていました。

臨死体験の話は聞いたことがあります。事故や病気で死に瀕した人の魂が身体から抜け出して、上のほうから自分の肉体や周りの様子を見下ろしている——という話です。「幽体離脱」とも言うらしい。

あれが臨死体験？

天井の白い雲のところから肉体を見下ろしていた……それなら、そうかもしれない。しかし、それを観ている第三者のような意識がいた。寝ている肉体と、白い雲。その二つを観ている意識。

観ている者が本当のわたし？　観られていた者はわたしではない？　そんな印象です。睡眠中に、これまでのわたしではない「本当のわたし」と思える意識が目覚めたのではないか……？　何の知識もありませんが、この不思議な体験から、そう思ったのです。

そんな不思議な体験をしたのに、忙しい日常は変わることなく続いていました。でも、よく分からないまま身体が軽くなり、元気になった。これは嬉しかった。その体験もすっかり忘れた頃、不思議な感覚を覚えるようになりました。

頭に手を載せると腕の感覚がなく、手の平だけが帽子のように頭に載っている感じがするのです。机に手を載せると、手が少し浮いているような感じ。（もしかして、更年期障害かもしれない）自分の身体に起こっていることなので、忙しいからといって無視はできません。

「病院へ行ってみよう。精神科、それとも心療内科？」

あれこれ考えながら過ごすうちに、病院に行っても、分からないと言われるに違いない、精神安定剤を処方されるぐらい……のような気がして、病院行きはなし。もともと大の薬嫌いなのです。

肩こりは消えたまま。身体も浮くように軽い。気分は爽快。こんな更年期障害があるはずがない。自分で調べることにしました。意味なんてろくすっぽ分からないまま、ふと「瞑想」という言葉が浮かんだのです。病院より、本屋さんです。

## 屍の瞑想

ふと浮かんだ「瞑想」という言葉。

暇を見つけて本屋さんに行くと、奥のほうに、思ったより広いスペースの「精神世界コーナー」がありました。たくさんの本が並んでいるのにびっくり。時間もないし予備知識もないまま、簡単に読めそうな本を三冊買って帰宅。何年も読み続けていた歴史小説はこの日から精神世界の本に変わりました。その世界の本を読むと、自分がどこにいるのか分かりそうです。

ところで、瞑想って何だろう。

『広辞苑』には、こうあります。

「目を閉じて静かに考えること。現前の境界を忘れて想像をめぐらすこと」

催眠状態で予言や病気の対処法を伝えたアメリカの霊能者、エドガー・ケイシーのこんな言葉に出会いました。

「祈りは神に話しかけること。瞑想とは神の話しかけを聞くこと」（『瞑想の実践』エルシー・セクリスト著　林陽訳　中央アート出版社）。

もう一冊、インドの瞑想指導者ＯＳＨＯの本には、こうありました。

「自分の心のプロセスを目撃し、ただ目撃者、観察者、見守る人になり、心の交通を眺めていなさい。思考が通りすぎる。そして欲望、記憶、夢、幻想が通りすぎるのを、ただ眺めていなさい。これは良い、これは悪いと判断することなく、ただ超然として冷静でいなさい。瞑想の秘訣は、超然とした観察、偏見なしの見守り。それは単純だ。コツさえつかめば簡単だ」（『英知の辞典』ＯＳＨＯ著　スワミ・アナンド・ソパン翻訳　めるくまーる）。

他にも色々あるようですが、わたしに理解できるのは、ここまで。

少しずつハマりました。体験的に理解できるところが自分のいる場所。頭でしか理解できなくなったところからが未知の道、のようです。そうであれば、自分がどこを歩いているのか判断することができます。

わたしの体験は段階的なものだったのでしょうか。関連書をどのタイミングで読んでも、何回読んでも、その都度新しい発見があります。「知らない世界」を覗くワクワク感です。


でも、いつまでもそんなことに関わっている暇はありません。

心配していた競合店の話はいつの間にか消え、店の経営は順調だったものの、仕事は過酷なまま。その頃のわたしの勤務は夕方五時から夜中の二時。バックヤードで仮眠をとったあと、朝七時から十時まで発注業務。その後、精算業務を済ませ、銀行に寄って帰宅するのが昼前。

娘と二人暮らしになったのを機に、お店のマネージャーとして働いてくれていた姉家族と同居することになり、駅向こうの川沿いにあるマンションの十二階に引っ越しました。店までは自転車で十分。生活リズムは姉たちとはすっかり逆。昼間は、ひとりっきり。

自由な時間が持てるようになったので、まず試してみたのが瞑想です。でも、坐るのが容易でありません。なかなかできません。四、五日、坐禅の姿勢を真似てみたものの、疲れた身体がすぐ睡眠を要求してくるのです。

「ああ、瞑想なんて無理かな」と横になりながら、ふっと思い出しました。たしか寝たままの姿勢の瞑想があったはず。「屍《しかばね》のアーサナ」だったかな? どこかで見た記憶がある。立ち読みだったかしら。

寝る瞑想。自分の心の動く様《さま》をただ超然と観ているだけの瞑想。それなら、できるかもしれない。OSHOは「瞑想は、コツさえつかめば簡単だ」と励ましてくれています。


寝る瞑想を始めました。「三層のわたし」を見たあの夜の光景を思い出しながら。

まず体を上向きにして、「大」の字に寝る。

両手を左右に伸ばし、両指も開いて上に向ける。

両足を少し外側に開く。

全身から力を抜く。

ダラーンと死人のように横たわる。

これが「屍のポーズ」

自分は死んでいると思うと、不思議にリラックスできます。あとは睡魔との戦い。超然と、冷静に、頭のなかを見守るだけ。

やってみると、ここまでは案外簡単。このポーズで目を閉じると、自分の思考が観えそうです。「三層のわたし」を観ていたあの感覚と同じみたい。

「心の交通を眺めていなさい」と本にありました。

でも、わたしの心は、まるで大都会の交差点にいるようで、子どもたちのこと、スタッフや田舎の母のこと、発注に失敗したこと、クレームのこと、スタッフたちと行くリンゴ狩りのこと、本部の営業からいわれている販促のこと——が飛び交っています。

しなければならないことが次から次へと湧き出てきます。心は目まぐるしく走り、跳び回り、ちっともじっとしてくれません。心のなかは仕切りがないらしく、過去へも未来へも自由に跳び回ります。というより、過去も未来もゴチャゴチャになっているようです。

「超然と冷静に、頭のなかを見守る」はずが、油断していると、すぐ、あっちにこっちに絡み取られてしまいそう。

瞑想の定義は簡単そうでしたが、その境地やそこへ行く道のりは途方もなく難しいようです。でもあきらめずに、「超然と、冷静に」観察し続けました。少しずつ慣れてきて分かったのは、心のなかに「今」はないこと。過去や未来のことばかりが動き回っている……。

（わたしの今ってどこにあるの？）それを意識すると、屍のポーズで横たわり、心を観ている自分が「今」だと分かりました。「観ている自分」は動き回ることも飛び跳ねることもなく、雑踏の外にいるようで、とても静かです。

この四十数年間、わたしはずっと、「この肉体と心が自分だ」と思って生きてきました。でも「布団に横たわる肉体」「天井近くに浮かぶ白い雲」、そして「それらを観ている意識」の三つに分かれた「三層のわたし」の体験からすると、「観ている意識」が本当のわたしではないか――という気持ちが大きくなってきたのです。

とはいっても、本当のわたしらしい「観ている意識」は未熟者。多重事故でも起こしかねない心の動きを、超然と冷静に見守ることは容易ではありません。気がつくと、いつの間にか深い眠りのなかに落ちています。

この「観ている意識」が「本当のわたし」だったとはっきり知るのに、このときから二年以上の時を要することになります。

## 選択も失敗もない生き方

わたしのコンビニでは、スタッフの誕生日には、あみだくじでプレゼントをするのが恒例行事。みんな忙しいので、シフトはバラバラ。全員一緒に誕生祝いはできません。色々形を変えて、結局、あみだくじに落ち着いたのです。

誕生日を迎えた人に、「お祝い五百円と本一冊」「千円とアイスクリーム」「千五百円と菓子」「二千円とジュース」などと書いたくじを引いてもらうのです。ささやかなプレゼント。でも、みんな喜んでくれました。

ある年の六月、わたしの誕生日。思いがけず、予備校生だったアルバイトの男の子からプレゼントをいただきました。開けてみると、『聖なる予言』（ジェームズ・レッドフィールド著　山川紘矢・山川亜希子訳　角川書店）という本。それと、クリスチャン・ラッセンが描くマリンアートの絵。どういうことでしょう。驚きました。さっそく本を読んでみると、不思議な世界が待っていました。


南米ペルーで発見された古文書。そこに記された魂に触れる九つの知恵。何かの力に導かれるように、ひとつずつ発見していくというストーリー。

「偶然が必然ということにみんなが気付き始めたら……」

「目には見えないエネルギーの力を感じられるようになると、人は運命に導かれ、大きく変容し、世界の仕組みが分かるようになる」

「偶然が必然」とか「エネルギー」とか「世界の仕組み」「魂の進化」などは、わたしの知らない世界。初めて聞く言葉。あの「三層のわたし」体験の一年前のことだったから。

「人生で遭遇する出来事は、神さま・仏さまが自分に一番相応しい道を差し出してくれたもの」

これは分かります。わたしがいつも持っていた信条だから。すべて神さま・仏さま任せ。いいことも悪いこともすべて受け入れればいい。シンプルで、何より楽なのです。

他人から見たら、「なぜ？」と思われるかもしれませんが、この生き方には、子どもの頃のようなワクワク感があって、なにより清々しいのです。自分でも不思議なほど『聖なる予言』の世界に引き込まれました。

眠りに入るときは、ラッセンの絵にある光景に入り込みます。ヤシの木陰や浜辺に横たわり、月や、赤く染まってゆく海を見ている自分。イルカと戯れ、薄明かりの深海で安らぐ自分をイメージしながら。

ラッセンをプレゼントしてくれた予備校生とは彼が東京の大学に入学するまでのわずか一年ほどのお付き合いでしたが、今でもときどき、あの人懐こい笑顔が目に浮かびます。『聖なる予言』の中にあった「偶然」と「必然」

それに気づいて、このプレゼントが単なるプレゼントではなかったと思うようになりました。アルバイトをしながら勉強中の予備校生が、なぜわたしを神秘体験に誘うような本を選んだのか。彼の魂は何かを知っていたとしか思えなくなったのです。

七、八年後、彼は、彼にぴったりの清楚なフィアンセを伴って、お店に寄ってくれました。本部の研修会に出ていたわたしは会えず、マネージャーからその様子をあとで聞いて、残念でなりませんでした。

（第3章）

# 部屋いっぱいに広がったわたし

## 奥へ引き寄せられる

瞑想を始めて四、五か月たった頃。

仕事を終え昼前に帰宅。家事と入浴を済ませ、窓際のソファで本を読んで寛ぐ。これがささやかな幸せ。といってもひどく疲れているので、横になってすぐ寝てしまうこともあります。そんな毎日。

瞑想に少し慣れてきたのでしょうか「屍のアーサナ」のポーズをとると、つきたてのお餅がダラーッとのびるように全身が緩み、呼吸もゆったりと静かになっていくのが感じられます。頭のなかは依然として雑念だらけですが、前ほど飛び跳ねることもなくなり、少しずつ冷静に、ただ観ることができるようになっているようです。でも「頭のなかを観る」にも「身体のなかを観る」にも、まだまだ届きません。

（どうしたらいいだろう）まず集中しなければなりません。

頭のなかは、お店のこと、スタッフのこと、家族のこと、仕入れの帳簿はどうだったか、あれこれが動き回ります。外へ外へ向かおうとする意識をなだめ、なんとか内側に方向転換させます。すると行先を失ったエネルギーは、外から内へと流れを変えるのです。軽く目をつむり眉間に意識を集中し、頭のなか、身体のなかを観る。

「三層のわたし」になったあの夜、屍となった肉体と、天井に浮いている白い雲のようなもの、その両者を観ていた意識。あれと同じ意識になって観る、その感覚。それが、わたしの求めていた瞑想です。

瞑想の本によると、この現実世界でモノを見るときに使っている目は視覚。それが「第一の目」。嗅覚や聴覚などの知覚が「第二の目」。さらに「第三の目」があるそうです。目には見えない、自分の内側を観る「内なる目」が。

内なる目で頭や身体のなかを観ることに慣れてくると、なるほど、確かに外側のゴチャゴチャが少なくなって、頭のなかは整理されて鎮まってくるようです。

わたしは屍です、思考や感情が通りすぎていくのをただ観ていました。身体のなかに少し静けさが感じられるようになり、ゆったりとした呼吸が観えてきます。

しばらく、こういう状態が続いていたある日。その景色がいつもと違うのに気がつきました。トンネルのような、暗いほうへと意識が引き寄せられていくようです。（なんだか少し怖い……）と思ったものの敢えて戻ろうとは思いませんでした。でも、そのまま寝てしまったようです。

次の日も、その次の日も、何かに引き寄せられるように、少しずつ、その暗いトンネルの奥のほうへ近づいているようです。

(もっと奥まで行って、帰ってこられなくなったらどうしよう。これ以上続けるのはよくないかもしれない……)そんな迷いがよぎりますが、瞑想後の気持ちよさと身体の静けさが勇気を与えてくれました。

(何かあったら、ナムアミダブツを唱えればどうにかなるだろう)神さま、仏さまに自然に頼ってしまうのはわたしの癖。とくに信心深いわけでもないのですが、子どもの頃からの習慣です。

横になるとき、目覚まし時計を三十分後にセットしておくことを考えつきました。奥まで行っても、タイマーが鳴ったら戻ってこられるはず。もう少し奥に行ってみました。とくに恐ろしい状況はありません。タイマーを一時間後に延ばしても、何の問題も起きません。恐怖は消えました。

## 爆発音

それから一か月くらい過ぎたある日のこと。日勤のスタッフから風邪で休みたいと連絡があり、夜勤明けのわたしがそのまま昼の仕事を受け継ぎ、続けて夕勤・夜勤に入ることになりました。倉庫兼事務所のソファで二時間ほどの仮眠。

その頃には、横になるとすぐ深い瞑想状態に入れるようになっていて、身体は寛いで、呼吸もゆったりしています。身体は休息を求めているのですが、観る意識は目覚めていたようです。でも限界まで疲れていたのでしょうか、いつしか眠り込んでいました。

「ドカーン！」

突然の爆発音！

飛び起きた。

なに？　なにが起こったの？

周りの様子をうかがっても何の変化もない。いつもより静かなくらい。

その音が、自分の頭のなかで起こったことだと理解するのに時間はかかりませんでした。特に怖さもありません。

爆発音はこれを境に頻繁に起こりました。

「バリッ、バリバリ」「ガーン、ガーン！」「コツンコツン」――いきなりの大音響もあれば、遠くの、かすかな音もあります。「ドンドンドーン！」というすさまじい爆発音のときは、目の前にある真っ暗闇の空間が突然パックリ開いて、別の暗闇に呑み込まれそうになって、（怖い！　これは死ぬ）と覚悟を決めたこともあります。……気がつくと、「ナムアミダブツ、ナムアミダブツ」と唱えていました。

それでもわたしは瞑想することをやめませんでした。ここで体験することは、わたしにとってすべて初めて。まるで意識の旅をしているようで、好奇心が怖さを上回っていたのです。

以前体験した「三層のわたし」。ベッドに横たわった屍のような肉体、天井に浮かぶ白い雲、それを第三者のように観ている意識……。あの意識が、あの夜からずっとわたしのなかに住みついているみたいです。

（どこまで？　いったいどこまで、わたしを連れていくの？）

観る意識が奥へ奥へと行くと、かすかに「聖なる香り」のようなものが漂っているのに気がつきました。どこかに咲く、かすかな花の香りのように……。

（思っていたより勇気があるのね）意識の奥を探検する自分の勇気を褒めたい気分と、そのこと以上に、（その奥をどうしても知りたい！）という強い思いがあったのです。それが原動力でした。

## 「愛をください」

一九九〇年代後半。駅の周辺にはコンビニの競合店が次々に出始めました。

競合店ができるたびに、客数や売り上げがじわじわ減ります。そこで踏ん張るには、数か月か数年かけて、もとに戻す努力、ひたむきな根気が必要です。

当初、競合店が気になったものの、（しょうがない、これはコンビニ業の宿命だ）と思えるようになりました。この先もずっと続くだろうコンビニ経営に、自分の人生がしっくり納まっていくのを感じる余裕も生まれたようです。

振り返ってみると、それまでは「自分は商売人ではない」「夫を助け、子どもを育てるための仮の姿で、生きるためのひとつの手段にすぎない」と捉え、（これはわたしの本来の人生ではない）と頭のどこかで思っていたことに気づきました。

（なるようになるだろう……）四十坪足らずの小さなコンビニから世の中を眺め、（いいだろう、ここで、自分の人生を自分らしく生きよう）と初めて思ったのです。

競合店がいよいよ一本筋違いの道に出店することが本決まりになりました。加えてこちらも、チェーン店としてコピー機やチケット販売などを導入、レジや発注システムを向上させ、競合店対策を図っていた時期で、お店から目が離せなくなっていました。

ときどき休みは取れてはいたものの、勤務時間もますます不規則になり、睡眠時間も少なくなってきました。瞑想と睡眠の区別もなくなり、横になるだけで瞑想状態に入り、エアーマットで寝ているような、フワッと浮いているような心地よい状態のなかで眠りにつく毎日でした。

ある日の朝九時過ぎ、事務所で発注作業をしているわたしに、近所から通うパートの女性が丁寧に、静かに、ささやくのです。

「……店長さん、強盗です」

「え？」

彼女があまりに落ち着いていたので、その言葉がよく呑み込めないまま防犯カメラに目をやると、男性がひとりレジに立っています。レジ内は無人。レジ係の姿が見えません。異様な空気に、やっと強盗に入られたことが呑み込めました。

（……静かに、落ち着いて）自分に言い聞かせながらレジの反対側のゴンドラ什器《じゅうき》を回り、男の後ろから「おはようございます」とそっと声をかけました。

マネージャーはレジの隅にかがんでうまく隠れていました。強盗の顔は見えませんが、黒っぽい服を着た五十歳ぐらいの、細く、弱々しい感じの男。小さな刃物らしきものを持っているようです。

「マネージャー、お金をレジ袋に入れて渡してください」と声をかけました。彼女はレジからお金を何回かに分けて袋に入れ、恐る恐る強盗に渡しました。

――と、男はひったくるように走り出た。

そのとたん、品出し中の学生スタッフが店の奥から飛び出して追いかけた。「そんなこと、やめなさい！」とわたしも追いかけた。異変に気づいたパンク修理中の自転車屋のおじいさんも追いかけた。みんな店から出て見守っていた。

まもなく強盗は警察に捕まり、お金も無事戻ってきました。幸い怪我人もなく、商店街はいつもの日常に戻りました。

こういう出来事が重なって、コンビニは商店街の一家族になっていきました。みんな大事な家族です。お客さまだった近所の子どもは高校生になってスタッフ仲間となり、卒業すると弟や妹が後を継いで仲間入り。親子で一緒に働く仲間もいます。ときどき、先輩のスタッフも顔を出してくれます。みんなが一生懸命でした。こうして笑いの絶えない店となっていったと思います。

そんなある夜、いつものように瞑想か睡眠か、よく分からない時間。

頭のなかに霧が広がるように、これまで経験したことのない喜びが満ちていて、そこからこんな声が聞こえてきたのです。

「お前は、地位や名誉がほしいか、愛がほしいか」

低く揺らぐような、声でないような声。じわーっと伝わってきました。

「愛をください」

思考する余地もなく、ただ呼応するように、そう答えていました。

（何を意味しているのだろう？ 神さまに試されたのだろうか？）色々考えてみても分かりません。（これは夢のなかのできごと？）霊能者エドガー・ケイシーの言葉を思い出してハッとしました。「祈りは神に話しかけること。瞑想は神の話を聞くこと」

その後もこんな呼びかけがたびたび起こり、「ああ、このことかもしれない」と思うようになっていました。「愛をください」と答えたわたし。どんな意味があるのでしょう？

## エネルギーの波

駅裏のコンビニは深夜客が多い上、近くにスーパーがないこともあって、品揃えには工夫が必要です。野菜や果物を充実させたり、宿泊施設から現場へ通う人のために白いご飯を毎日五十個以上用意したりと、コンビニと銘打ってはいますが、ミニスーパーのような個性的な店になっていました。

九〇年代後半になってＰＯＳシステムが導入されると、店舗ごとの商品管理や売上情報、お客さまの購買動向などをデータ化できるようになりました。カンに頼っていたわたしの店舗運営はすっかりデータ管理に変わり、業務効率は大きく向上して、すべての作業がスリムになりました。

在庫管理の機能もぐんと上がり、おかげさまでバックヤードいっぱいに商品を積み上げることもなくなり、発注や検品もシステム導入で精度が高くなり、心を痛めていた廃棄ロスも適正な数に収まるようになりました。わたしは欠品が嫌いだったので、どうしても多めに発注してしまい、ついつい余らせてしまうことが多かったのです。ＰＯＳシステムの導入は大きな助けになりました。

廃棄ロスのことについては、「……ロス弁当、ちょうだい」と、ときどき店に寄る次男によく叱られました。「こんなに捨ててどうするの？　世界には飢えに苦しんでいる人がどれだけいると思ってるの？　まあ、俺なんかここがあるから腹を空かせて寝なくて済むけどね」と。その言葉には説得力がありました。

結婚した次男は数年後、小さな市民農園に登録し、廃棄ロスを使って「ＥＭ菌堆肥」を作り、きゅうりやナス、トマト、スイカなど育てていました。初めてにしては、いい出来。おいしい。これをきっかけに、わたしの生活意識も少しずつ変わっていったようです。

相変わらず走り回っていたのですが、いったん見えない内側に意識を向けると、この頃のわたしは心も身体もゆったり安らいだ、別の流れのなかにあったようです。身体の表面と内側の二つの世界を行ったり来たりしているような不思議な感覚。

内側に入ると、感情や思考でおしゃべりを続けていた心が「意識してただ観る」ことで鎮まり、澄み、やがてその流れに同調し、身体も静かになっていくようです。

そのような「意識してただ観る」行為は、わたしの世界を静かで、シンプルに変えていったようです。外側の世界がバタバタ飛び跳ねていても、内側は静かで動かない――台風で外辺部が荒れ狂っているのに、台風の目の中心部が静かなように。加えて、肉体の疲れを感じることも、だんだん少なくなっていきました。

その日も、日付が変わる頃ベッドに潜り込み、屍のポーズで横になると、いつものように頭も身体も静かになったのですが、どこかが、何かが違います。何かが起こる予感です。遠くで何かが起こっている……？　その予感が近づいてくるのが分かります。

エネルギーの波のようです。そのエネルギーの波は、横たわったわたしの足の脛《すね》あたりから入ったように感じられました。波が寄せるように、身体のなかをじわじわとゆっくり伝ってきます。生まれて初めて、エネルギーを観ました。

それは喜びの波。いままで一度も味わったことのない、四十数年生きて初めて感じる、自分以外のどこからか湧き出るような波です。それはわたしの腰のあたりまで届くと、わたしの全身を包むように広がり、部屋いっぱいのわたしになって、天井を越えて出ていったのです。なぜかわたしは、「ありがとう、ありがとう、ありがとう」とつぶやいていました。わたしの意識はその声なき声を観ているだけ。

青く深い眠りのふちに
一滴のしずくが落ちる
小さな波紋が生まれるように
予感は生まれる
予感がとどくのを待つ
じっと横たわったまま
予感の波紋はエネルギーの波
波は海を渡り、足もとから身体に寄せて
やがて未知なる喜びのなかに
横たわる身体を抱きかかえ

部屋いっぱいに広がりながら
天井から出て行こうとしている
「ありがとう　ありがとう　ありがとう」
の声だけを残し
（一九九七年六月のメモ）

その後も、あの喜びのエネルギーは度々やってきました。

身体を横たえるのが合図のように、それはやってきます。すると思考は消え、幸せの霧が満ち溢れ、わたしは喜びの海のような空間に浮いています。意識はそれをただ観ています。あるときは安らぎのエネルギーの宇宙を漂い、あるときは静寂のエネルギーの深海で、微かに届く陽光の中にただ浮いています。

漂ったり浮いたりしているわたしは肉体から自由になっています。もしかして、「ありがとう、ありがとう、ありがとう」の声を残して広がりながら天井から出ていったあのときから、わたしの身体は自由になったのでしょうか。意識はそのすべてをただ観ているだけ。

「三層のわたし」の体験で、わたしは「屍となった肉体」「白い雲のように天井近くで浮いているわたし」、それと「その両方を観ている意識」の三つで成り立っているのに気がついたことはもう書きました。

三層になったそのわたしをコンピューターに例えると、屍になった肉体はハードの部分。白い雲のように浮いているわたしは、たぶん自分の情報体。ここに、心や感情、思考など肉体以外の自分が含まれます。つまりソフトの部分。

では、観ている意識は何もの？　コンピューター本体の製作者？　データの入力者？

瞑想の入口では、ハードに当たる横たわる身体は、「暑い、窮屈だ、怖い」などと感覚的で、自由気ままに飛び跳ねています。ソフト部分の心や感情、思考などがそれを統御することもありません。

そのハードとソフトの両方を目撃し、観察し、見守る意識。それは、ただ観ていました。「いい、悪い」を判断することなく、超然と、冷静に観ています。ＯＳＨＯの教えにあった「瞑想の秘訣は、超然とした観察、偏見なしの見守り。それは単純だ。コツさえつかめば簡単だ」との言葉。

あのとき、わたしは疑うこともなく、子どものように素直に、ただ観ることに集中していました。「三層のわたし」に気づいたあの夜も、ただ観ている意識がありました。

部屋いっぱいに広がりながら天井から出ていくときも、ただ観ている意識があった。

幸せいっぱいの安らぎのなかに漂い、静寂のなかに浮いているときも、ただ観ている意識があった。


どこにでもついてくるこの「ただ観ている意識」はいったい何ものだろう？

「ただ観ている意識」は、瞑想の入口で内部を観ることに集中していた意識とは、あきらかに違っていました。


瞑想を終えて目を開けると、とたんにわたしの意識は、外側の世界を見ようとします。

しかし、この「ただ観ている意識」は、わたしから離れた少し高いところから、外側も内側も両方見渡している感じなのです。すると、このすべてを見通す意識がもしかして製作者や入力者に当たる？　それなら、これが本当のわたし？


分かったことは、小さなわたしを超えた「ただ観る意識」がいること。

小さなわたしの他に、何か大きな「本当のわたし」がいるかもしれないということ。

これは、五十年近くも生きてきて、これまで一度も体験したことのない異次元のものです。そこにあった喜びや「幸せいっぱい」の感覚も初めてのこと。「ただ観ている意識」は、わたしをさらに奥へ奥へ、知らない世界へ連れて行くようでした。

## 呼吸が何ものかにコントロールされている

この頃から睡眠時間がだんだん短くなりました。

横になって、安らぎの宇宙を漂い、静寂の深海で浮いている自分。それをただ観ている意識。目醒めた時間がだんだん長くなりました。

日付が変わる頃ベッドに入り、屍のポーズで身体を緩めてリラックスすると、すぐ自動的に深い瞑想に入り、漂うような、目醒めた睡眠となります。明け方のほんの少しの時間が従来の睡眠です。

ある夜、呼吸が止まるかと思うようなことがありました。

普段は、瞑想が深まるにつれ呼吸はゆったり静まり、吸う息も吐く息もかすかになるのですが、このときは違っていました。

吸った息が肚の中へ降りて広がるのが観えました。しかし、そのまま呼吸は止まってしまい、次の息を吸おうとしません。一瞬、このまま止まったら死ぬかもしれないという不安がよぎったものの、無理に吸えば吸えそうです。この状態のなかに、愛のエネルギーのようなものが混じっているのが感じられたので、そのまま身を委ねました。

息は長く止まったまま。吸おうとしない。（ウーッ、もう限界）と思った瞬間、やっとスゥーッと息が入ってきて、また長く止まる。

「ウーッ」苦しい。「スゥーッ」と入る。そんな長い呼吸を何回か繰り返しました。

呼吸が、誰かに、何ものかにコントロールされているみたい。何だろう？

そのうち、カチッとギアチェンジのような軽いショックがきて、やっとコントロールから解かれた感じ。

今までの呼吸とはどこか違います。何かと呼吸を合わせているみたい。もし、宇宙が呼吸をしているとしたら、その呼吸とわたしの呼吸は共振しているのかもしれない。自然の中が心地よいのは、その呼吸のせいかもしれない……そんな思考がふとよぎりました。

成人の身体の50〜60パーセントは水でできているそうです。人体は物質的にほぼ水らしい。人が、宇宙の一部、自然の一部であるのは間違いないこと。わたしは「人体の神秘」を経験しているのでしょうか。

この呼吸を経験してから、「目醒めた睡眠」は、未知の世界への旅の途中だと思えるようになりました。いつもすぐそばで、あの愛のエネルギーの波が見守ってくれているのが分かります。ですから、不安はありません。

数日後の夜。

何かと合わせるような新しい呼吸をしながら、わたしは至福の海で浮いていました。しばらくすると、呼吸が肚の中にスゥーッと消えていったのです。呼吸はなくなり、それと同時に、身体も輪郭だけ残して消えていった。

どれくらい経ったでしょう、再び呼吸が肚から生まれました。意識はそのすべてを目撃しています。朝方になって本来の睡眠が訪れ、ぐっすり眠りました。

この体験を機に、呼吸が腹式呼吸に変わりました。

横たわり、呼吸に意識を向けると、一分間に二、三回くらいの長い腹式呼吸をしています。仕事中でも普段の生活でも、身体に意識を向けると、いつもエネルギーで満たされているのが分かります。細胞が小刻みに振動し、クスクス笑っているような、くすぐったいような気がします。肉体の感覚も薄れていき、疲れをまったく感じない身体になりました。

もし人の睡眠を覗いてみたら、毎夜、肉体や心にエネルギーを補給したり、そのメンテナンスが行なわれたりしているのがきっと分かるはずです。そうだとしたら、わたしたちが眠りこけている間も休まず、エネルギー補給やメンテナンスをしてくれている者は誰なのでしょう。

そんなことを考えると、わたしはいつも「三層のわたし」の夜、初めて出会った「ただ観ている意識」に行き着くのです。この意識こそ、小さなわたしを超えた、宇宙に繋がる「本当のわたし」ではないか。これが「真我」といえるものではないか……。

もしそうだとすると睡眠中、「小さな個のわたし」は「本当のわたし」に一切を委ねているのです。あの愛のエネルギーの波に見守られていたときのように。

これはわたしだけでなく、誰もが夜ごと経験していることではないか。この経験の先に宇宙を漂うような睡眠が得られ、宇宙と繋がる新しい明日がくるのではないか……そんなことをぼんやり思っていたのです。

## 「ありがとう」は、神さまに一番近い言葉

コンビニを開店して八年が過ぎていました。

開店当時、おばあちゃんの背中におんぶされていた赤ちゃんが、いま、学校帰りに友だちとおやつを買いにきます。小学生だった男の子が彼女を連れて雑誌コーナーで楽しそうにおしゃべりしています。店内を走り回るやんちゃだった子が「美大に合格した」と報告にきました。

仕事帰りにいつも夕食の材料を買う単身赴任の男性は、三月いっぱいで広島に帰るらし

い。スタッフの中にも、かつての小さなお客さまがいます。この店は、こういう世代を超えた繋がりのなかで、お客さまやスタッフに支えられてきました。

近所に二、三店舗競合店ができたものの、わたしの店は生鮮食料品や白いご飯、それに生活用品も充実させたミニスーパーと位置づけて、他との差別化を図っています。おかげで客単価が上がり、思った以上に健闘していました。本当はタバコ販売もしたいところですが、なかなか許可が下りない。こんなふうに、店も街も、日々変化しています。変わらないのはわたしだけかも。

朝七時「おはようございます」と大きな声であいさつ。夜十時「ありがとうございます。お休みなさい」とお客さまを送り出したら、夜勤のスタッフにバトンタッチ。毎日、レジで千人弱のお客さまに向かって「ありがとうございます」、出口で「ありがとうございました」と、少なくとも二回、感謝を伝えることにしています。できる限り店に立つようにしているのは、「店長は店の顔」と思っているからです。

わたしはバックヤードで作業するほうが本当は好きなのですが、「ありがとうございます」を直接お客さまに伝えたかった、感謝の心を直に伝えたかったのです。

スタッフにも、面接の段階から、心を込めた接客をお願いします。「ありがとうございます」を心から言えれば、他の仕事は何とでもなります。心が調えば、他のことはそれに従うものです……と。わたしは本当にそう思っています。

とはいえ、スタッフ全員にそれを理解して実行してもらうのは、なかなか難しいこと。人は自分の損得に関係しないことには無頓着で、意識を向けようとしないようです。ですから、俯瞰《ふかん》するような、大きな視点で見る。それが店長の役目。

大事なのは、その人がどんな物差しで生きているのかを知ることでした。若いスタッフに「簡単で、手軽なバイト」にしてほしくなかったのです。長い人生のほんの一瞬かもしれませんが、無意識に過ごすには、もったいない時間ですから。


夫が闘病中だった居酒屋の時代から、何千、何万回の「ありがとうございます」を口にしてきたことでしょう。自分の内側で二年近くも神秘体験が続いたことで、わたしはとても意識的になっていたのです。深い意識を観るようになるにつれて、冗漫な言葉は消え、ひとつだけ残った言葉があります。「ありがとう」でした。

「ありがとう、ありがとう、ありがとう」の言葉が、エネルギーに溶けながら部屋いっぱいに広がっていくのを観ました。意識の奥深いところに連れていかれたときも、愛のエネルギーがいつもそばにありました。そこにも「ありがとう」が届いているのを観てきました。

日ごろ発している言葉には、それぞれ固有のエネルギーがあります。意識の表層では、その言葉が同じような波動の心や感情、欲望などと共振して、それぞれの世界を顕しているようです。

他方、言葉が内側へ向かうとき、無用な言葉は入口付近でろ過され、純粋な言葉だけが奥深くに行くように感じられました。ですから、神さまにいちばん近い言葉は「ありがとう」なのです。

すべてお見通しの神さまに向かって祈る言葉があるとしたら「ありがとう」に違いありません。いちばん純粋な言葉だから。それに気づいてから、「愛」という言葉と「感謝」という言葉は特別なものになりました。

世の中の、いわゆる聖典が大切に守られてきたのは、神とのコミュニケーションをとる純粋な言葉で著わされているからではないでしょうか。そう思うと、聖典をもっと身近なものにして、もっと学んでみたい気持ちが湧いてきます。

神秘体験は体験した本人しか分からない、他人にはうかがい知れない――と言われますが、あのような至福感、幸福感に満たされたということは、たまたまある人に起きた、まったく偶然の出来事なのでしょうか。わたしにはそうは思えませんでした。

目に見えない、説明しようもない領域だとしても、すべての人が機会さえあれば、誰もが「この気づき」「目醒め」を体験できるのではないか。いや、探求する必要があるのではないか。そう考えると、すでにそれを知っている先人がたくさんいるはず。だからもっと詳しく知りたい、もっと教えてほしいと思ったのです。

## 本を読む

その頃、素晴らしい本に出会いました。

写真集『水からの伝言』（江本勝著　ヒカルランド）と『水は答えを知っている』（江本勝著　サンマーク出版）です。波動測定という方法で水の研究を行なっていた江本さんが、水を氷結させてその結晶の写真を撮るというアプローチを通して、水についてまとめたのです。一部には科学的根拠がないとして否定的意見もあったようですが、わたしには、科学的に証明できていないものにも真実があると感じられることが多くありました。江本さんは、本の中でこんな言葉を残しています。

「水をめぐる物語は、宇宙の仕組みを探る冒険でもあります。水が見せてくれる結晶は異次元空間への入口です。結晶写真を撮るという実験を繰り返すうちに、私はいつしか、あるいは知らず知らずのうちに、宇宙の深遠な真理へと続く階段に足をかけていたのです。

そのうち、ある一つの結晶写真が私の心をとらえました。これほど美しく華やかな結晶を、私は見たことがありませんでした。それは『愛・感謝』という言葉を見せた水でした。水が喜び、花が思いきり開いたような形。それは、私の人生を変えてしまうほどの美しさをもった結晶写真でした。

『愛・感謝』の水が見せてくれたのは、人の心がいかに大切で、意識がどれだけ世界を変えていくのか、ということです」（『水は答えを知っている』）

わたしは、（あ、この文章は、わたしが経験したことを語っている）と感じたのです。わたしにとってあの体験は意識革命、と思えるくらい重大な出来事でした。「不思議な体験をした」で終わらせたくはなかった。そうは思いたくなかったのです。あの体験を科学的に、ちゃんと知りたいという思いがどんどん膨らんできたのです。科学からいちばん遠くにいるようなわたし。そのわたしがなぜそう思ったのか。自分でも不思議です。

その答えを教えてくれる先生は、本だけ。

わたしは、人間の世界を超えた存在を神さま、仏さま、お天とうさまと呼んで、昔から親しいものとして生きてきましたが、科学が発達してきた今日、目に見えないものはだんだん軽んじられ、隅に追いやられています。わたしにはそんな感じがしていたのですが、意外にも最先端で研究している科学者の中に、神の存在や神の意志を観ている人がいることが分かったのです。

アインシュタインはそれを「宇宙の真理」と言い、マザー・テレサは「サムシング・ビューティフル」と呼び、日本では、分子生物学者の村上和雄博士（筑波大学名誉教授）が「サムシング・グレート」と名づけました。

人知を超えた宇宙の不思議、宇宙の美しさ。それを知る道は、誰にも、どこにも等しく開かれていると思います。それを受け取るか、心が忙しくて見過ごしてしまうか。ここがひとつの岐路なのですね。それゆえ「この道だよ」と気づかせてくれた、あのボタン雪の降る満月の夜に、わたしはとても感謝しているのです。

もし何かに心が震えたら、宇宙からの呼びかけに違いない。「そんなはずはない」と疑わず、その波動のなかにただ溶け込み、共振すればいいと思ったのです。

この感覚に慣れてくると、同じような質の感動、驚き、呼びかけに気づくようになってきました。一見、馬鹿げていても、心が揺さぶられるなら、きっと自分の奥の誰かが揺すっているに違いない……と思うようになりました。

わたしにとって、共感し、共振を覚える本に出会うことは瞑想と同じ。意識を目醒めさせてくれるからです。日常の何気ない出来事や、木や花の自然の営みに、神聖なものを観るように変わっていきました。

（第4章）

# 粒子体験

## なぜわたしに？

コンビニ店長になる前、たった四席の居酒屋を開いていた頃。

ボタン雪の降る満月の夜、「ここに、知らない世界がある」と感じたあの夜が、最初の瞑想であり神秘体験の入口でした。

続いてやってきたのは、「三層に分かれたわたし」を観たこと。「抜け殻になった、屍のような肉体」は、自分。「天井に浮かぶ白い雲」はたぶん自分の心、精神と思われる情報体。その両者を観ている意識があった。では、その「観ている意識」はいったい何？　この疑問がずっと残っていました。

その問いをくり返すうちに、もしかして「この観ている意識」こそ、「本当のわたし」ではないかと思い当たったのです。そうして、それこそが、わたしがすっかり忘れていた「わたしのいのち」ではないのかという気がしてきたのです。いのちがなければ生きていけないのに、いのちのことをすっかり忘れていました。

もし、それが正しければ、これは大事な気づきです。もしそれが宇宙の聖なるエネルギーを体験したことになるのなら、そこに、何らかの、誰かの意志があるはずです。その疑問に答えなさいと促すように、あれこれの出来事が立て続けにやってきました。

エネルギーと溶け合い、部屋いっぱいに広がり溢れ出たわたし。

至福のなかで、鳥のように宇宙を漂い、深海の静寂のなかで魚となって浮いているわたし。

生まれて五十年間、わたしはこういう人間ですと認識していた「わたし」は消え、代わりに現われた「新しいわたし」。考えてもみなかった疑問が次々と出てくるのです。どれが本当の自分なの？　もしかしてあれは幻想？　妄想？

そういう疑念を持ったりもしたのですが、今いるこの現実世界で、自分の身体が軽くなったり、腹式呼吸に変わったり、細胞がクスクス笑っているようなことが感じられたり、その感覚が心地よく、平和な気分になったりしたこと……これは紛れもない事実です。

ですから、こう考えました。もしこの体験が事実だとしたら、「本当のわたし」は肉体に限定された小さなものではなく、もっと広い、もっと高い次元を生きる自由な「意識」ではないか。こっちのほうが「本当の自分」ではないか——と。

## 何らかの行動をとらなければ

世界は大きな困難のなかにいます。

有史以来の「灰汁《あく》」が一挙に出て、青く輝くこの星を覆い尽くそうとしています。

戦争のなくならない不思議な星。

七十九億人のいのちを乗せて浮いている、美しい星。

地球外生命体はまだ見つかっていませんが、どこかにいるかもしれない、いないかもしれない。もしいたとしても、遠すぎて会うのが難しいかもしれない。

このような星に生まれ、奇跡のような進化を遂げてきた人間と生きものたち。

その人間の知恵やエゴが、美しい地球の大地、大気、海、水などを破壊している。

しかし、もう限界のようです。

世界中の一人ひとりが、この危機を乗り越えるための何らかの行動をとらなければならない……心でそう念じながら、何もできず、ただ見ているわたし。


わたしの変化にかかわりなく、子どもたちは巣立っていきます。

こんな親の姿を見ていたせいでしょうか、バイトとしてスタッフの一員になることはあっても、後を継ぐという子はいません。それぞれ好きな道を勝手に進んでいます。わたしの仕事は相変わらず忙しいままですが、身も心もずいぶん軽くなっています。（次の休みには海に行こう）と決めました。山育ちなのに、ときどき、無性に海に行きたくなるのです。

高校生のころ、わたしはよく隣町の海に行き、防波堤に座っていました。「ドボーン、ドボン、ドボーン、ドボン」と打ちつける波音を聴きながら、何をするでもなく、春霞の水平線をゆっくり進む貨物船を見ていました。海の波は、わたしの心のいちばん奥へ何かを届け、何かを汲み出してくれます。海を前にぼんやりと座っていると、とても心地よかったのです。

山の暮らしから都会の生活に変わり、その変化のなかで泣きたいくらい恋しかったのは、「焼き土」の匂いです。田舎では春になると野焼きをします。秋、収穫後の田んぼでは、籾《もみ》や枯草などを焼きます。澄みきった空気のなか、遠くから流れてくる懐かしい土の混じった匂い。

懐かしい匂いの記憶がよみがえると、なぜか急にこの町にいると聞いた、会ったことのない遠い親戚の人に会いたくなったりするのです。あの匂いが今でも消えません。ルーツに焦がれるような、本能のようなものが動くのです。

五十年の人生に何度も現われる原風景。何か意味があるような気がします。今のわたしは、こういう、どうでもいいように見えるものから造形されている自分を感じるのです。母であったり、妻であったり、コンビニ店長であったり、それまで自分と思っていたものは容器のような存在となり、今はその中でユラユラ揺らいでいるもの――五十年間の日々の小さな出来事、そのときどきに感じたことでできている自分を見るようになってきたのです。


開店から八年目。コンビニの飽和状態といわれる少し前の時代です。

寒さはまだまだ残っているものの、春はもう目の前です。

朝の十時に発注を終わらせ、銀行へ寄って家に帰り、夕刻五時にまた仕事に入ることになっています。今日はわたしの三か月に一度の給料日。お給料は、利益の中から前もって設定した金額を仮払金として受け取り、三か月に一回の棚卸で損益がはっきりすると、そこから配分金を受け取る仕組み。

この頃のコンビニは「ドミナント出店」という戦略をとるようになっていました。コンビニなど小売のチェーン店が特定の地域に集中して出店し、認知度を上げたり配送効率を上げたりする戦略です。駐車場もない駅裏商店街のわが店は他店との競合からもなんとか免れ、売り上げを伸ばしていました。

## この日はいつもと違っていた

一九九八年二月末。濡れたような陽射しの中、自転車に乗って駅のガード下を過ぎ、なじみの女性のホームレスさんに少しおすそ分け。コーヒーの香りがこぼれる公園脇の喫茶店の前を通り抜け、アヒルが四、五羽のんびり泳ぐ川を見ながら橋を渡るとわが家。

簡単に家事を済ませ入浴、早めの昼食。

風のよく通る十二階のベランダに出ると、空に向かってランダムに建ち並ぶ高層ビルがずっと遠くのほうまで見えます。その先に、ところどころ高層ビルに遮られた養老山系の山並みが見渡せます。眼下には、少し淀んだ堀川を空っぽの屋形船がのんびりと通過していきます。

都会の中の自然が、まだあちこちに点在しているのが一望できます。夜になると堀川の両岸のネオンが川面を染め、夜霧の中にアーチ形の橋を浮かび上がらせ、この街をいっそう幻想的にしています。

少し育った観葉植物の鉢の横の小テーブルで、コーヒーを飲みました。

昼下がりの陽射しがあたり一面に降り注ぎ、わたしの身体を優しく包み溶かしていきました。この日は、なんとなく、すべてが満たされている気分。何かに感謝せずにいられません。

「ありがとう、ありがとう、ありがとう」

部屋いっぱいにわたしが広がったあの夜から口癖になった「ありがとう」を、おまじないのように唱えています。わたしの周りのすべてが満たされています。部屋に入ると、そこもすべて満たされています。時は止まり、わたしはベッドに横たわる。


ベッドに横たわると、いつものように意識が切り替わり、目を閉じると、眉間の少し奥の松果体にスイッチが入って、わたしは瞑想の世界へ深く深く降りて行きます。

そこにあるのは何度も経験した見慣れた光景、通い慣れた道です。

思考が消え、呼吸が宇宙とリズムを合わせ肚の奥へ消えると、肉体も同調して消えていきます。肉体から自由になったわたしは至福のなかで、鳥のように宇宙を漂い、魚のように深海に浮かんでいます。

この領域から奥へ行くことはなく、いつもここで行き止まり。もう半年くらい、わたしはこの領域にいます。これがわたしの毎日の睡眠。目醒めた睡眠でした。

瞑想を始めた頃、行き交う思考を見ていた「ただ観ている意識」は、その後もずっとすべてを見守るように、いつもそこにいました。今もそこにいて、ただじっと観ています。

## 粒子となって浮いていた

ところがその日は何か違っていました。思考が消え、呼吸がかすかになりゆっくり消えていくと、いつもなら肉体はすぐ消えていくはずなのに、なぜか消えない。今まで味わったことのない寛ぎ。どこにも、緊張のかけらひとつない。

完璧なリラックスの海に、身体のすべての細胞が泡となって次々に浮かび上がり、溶けるように徐々に消えていく。やがてすべての泡が、身体が、至福のなかへ消えていった。「何か」を残して。

残されたものは何？　この体験のすべてをじっと観ているもの。それはあの「観ている意識」だった。「観ている意識」はわたし。

夫の死を見つめる妻、三人の子どもと奮闘する母、コンビニで過労死寸前の店長さんを観ている意識はわたし。内なる体験すべてを「ただ観ている意識」もわたし。

果てしない朝モヤのような至福のなかで、宙ぶらりんで浮いている。まとうものもなく、すがるものもなく、宙に浮いているわたし。

わたしはひと粒の小さな意識の種。

ここは、個の意識の頂《いただき》。

「ただ観ている意識」のわたしは、ベランダから飛び立つ小鳥の鳴き声を聞き、カーテンの隙間から見える青空に飛行機雲を観る。目に見える外側の世界を見る意識と、目に見えない内側の世界を観る意識は同じ。別ものではなく、繋がっている。その質が違うだけ。

「あっ！」突然でした。

いきなり崖から突き落とされたように、朝モヤのような至福の淵にかすかな光が触れたとたん、まるで風船が弾けるように、光とモヤ、そして小さな意識の種のわたしが、境界線を飛び超え、次元を飛び超え、粉々になって砕け散り、粒子となって浮いていたのです。

薄暗い部屋にさす光の中で浮遊する埃《ほこり》のように……恍惚《こうこつ》とした至福のなかに、わたしはかすかに浮遊する粒子となって浮いている——どこまでも広がる宇宙の流れのなかで。

わたしは粒子だった！

全スイッチをオフにして

宇宙のエネルギーが降り注ぐ陽射しのなか
意識の階段を降りていく
すると、スイッチがオフになる微かな音がきこえる
カチッ
呼応するように、深いどこかでスイッチがオンになる
オフでありオンである、時の訪れ

思考は慌ただしくヤシの木陰に身をひそめ
呼吸は、寄せては返す波に身をまかす
完全なリラックスのなか
肉体はすべての緊張を洗い落とし
至福のなかに消えようとしている
ただひとつ　何かを置き去りにして

置き去りにされたものは何か
思考がコソコソ木に隠れ
呼吸が波の間に消えるのを
目撃するものは誰か

膨らんだ朝モヤのなか
置き去りにされた目撃者はわたし
止まった時のなかで
宙ぶらりんで浮いている剝き出しのわたし
小さなひと粒の、意識の種

意識の種は聴いている
庇《ひさし》から飛び立つ小鳥のさえずりを
意識の種は観ている
青い空に残されたひと筋の飛行機雲を

あっ！
突然の光が朝モヤに触れるとき
ああっ！
風船が弾けるように
光と、モヤと、小さな意識の種は
距離のない境界線を飛び超え
粉々に砕け飛び散り
粒子となって浮いている
至福のなかで浮いている
ありがとうのなかで浮いている

陽射しのなかの微細な塵のような
振る舞いをして
観るものも観られるものも　もういない
すべてひとつの愛の粒子

粒子は知っている
これが本当のわたしの姿
これが本当のあなたの姿

わたしはあなた
すべてひとつの愛の粒子

愛の粒子は神の意識
愛の粒子は宇宙の意識

驚くべき宇宙の真理
森羅万象の秘密

カーテンがゆらーっと風に揺れるその裏に
庭に咲く花の香りの流れる先に
至福に浮かぶすべてのものの真実の姿を観る

（体験後しばらくして書いたメモより）

目醒めた睡眠中に起こったこの粒子体験はやがて普通の睡眠へ移行し、しばらくしてから目が覚めました。もう夕方。日暮れ近い静寂が街を包んでいます。

わたしは慌てて家を出て、自転車で走り出してから気がつきました。自分の目が生まれ替わったと思えるほど、目に入るすべての景色がとても鮮明です。今までとはまるっきり違った街に見えました。初めて通る道のように、わたしは自転車を走らせていました。

現実は何も変わっていません。でも、わたしの目には、覆っていた霧がすっきり消え去ったかのように、すべてが一変して映っています。

すべてが、初めて見る景色のようでした。赤ちゃんが周りをひとつずつ驚きの目で見る感じというか、飛び上がって大声で叫びたいほどの喜びのはずなのに、でもなぜかわたしは宇宙の果てにいるような孤独を感じていました。……満たされた孤独。

これまでの自分には戻れない寂しさ。子どもがいきなり大人になったような、二度と帰れない旅に出たような、満たされた想いと同時に、寂しさや悲しみを味わっていたのです。

身体のなかは静まり返り、静寂を妨げるものは何もありません。

なぜ、どうして……こんな体験をしたのだろう。

十数年間、止まることなく走り続けたその先が、時間を超え、空間を突き抜け、「ただ在るだけの世界」に繋がっていた――としか言いようがない。理由を探しても見つからない。この体験は「宇宙からのプレゼント」に違いない。

心身ともに忙しかったわたしは「三層のわたし」を観た夜のことをただの偶発的な出来事と思っていました。でも、その七年前のボタン雪の降る満月の夜から、目に見えないところで、すでに旅が始まっていたのです。あのボタン雪の夜から、わたしは見えない世界への旅に出発していたのです。

人生行路の道端には、見逃してしまいそうな小さな偶然がいっぱい用意されているようです。人は、この小さな偶然に隠されている大切なものを、あるときは見逃し、あるときは手繰り寄せながら、旅の歩みを重ねていくのではないか。何気ない偶然は、それぞれのもとに引き寄せられたときに必然となり、人生を導き、輝かせるのではないか。

そんな新しい戸惑いを抱えながら、わたしは心のどこかで、もっと科学的に納得できる答えがほしいと考えていました。

## 粒子おばさん

自分がたどった旅の中に、この世の事象を動かす大きな力が潜んでいるような気がします。愛、感謝、慈悲、慈しみ、分かち合い。そういう心の状態は高次の自分と繋がるに違いない。その波動が共鳴して相互作用を起こし、現実を動かす力となるに違いない――そう思ったのです。

あの粒子体験は、自分が生きる中心軸を明確に示してくれました。たぶん、もう迷子になることはありません。この体験を境に、わたしは「粒子おばさん」に生まれ替わりました。

「本当の自分が誰か」を知って以来、それまでの、煩雑で、込み入って見えた現実世界の奥を覗くと、本当はシンプルなのだと気がつきました。

混乱のさなかのわたしは、戸惑い、ためらい、何をどうしたらいいのかが分からず、自分の「物差し」となる考え方や生き方を探していました。そうしてようやく、わたしは「自分があまねく広がっているエネルギーの存在、愛の粒子である」ことを知ったのです。あの粒子体験で、究極の探し物を見つけたと思ったのです。

粒子おばさんが探し当てた物差しは万能でした。こっちの物差し、あっちの物差しと使い分けする必要はありません。ひとつで十分です。

自分の本質は「すべてひとつの愛の粒子」であった。

もしそうなら、あっちかこっちか、善か悪か、正か邪か——そんな二元的な考えはできなくなります。その物差しが消えました。

この世の出来事は、それぞれの現象が相互に影響し合い、常に変化している万物流転の世界。現実は固定されたものではなく、絶えず輪廻している相対的なものだとしたら、ものごとに執着したり、悲観的な考えに囚われたりする必要はまったくないはず。なるほど、そうなのか……と合点がいったのです。

自分の「内なる声」に耳を澄ませ、こうありたいと感じるほうへ進む。すると、生きることがシンプルに、楽になりました。意識を身体へ向けると、これまでにない宇宙のエネルギーで満たされています。エネルギーでガタガタ震えている全身に、新たなエネルギーが直に入ってくる感じ。感覚器官にも変化が生じ、視覚は鮮明な世界を映し、臭覚は敏感になり、まるで身体に受信機がついているような感じです。

粒子おばさんは、今日もレジに立っています。
忙しいときには、二台あるレジにお客さまの列ができ、一人ひとりの顔を見て接客する暇もなくなるほどです。わたしにはレジにくる次のお客さまが誰か、お顔を見なくても分かります。レジに近づいてくる一瞬で、その人の情報が伝わってくるのです。もちろん間違うこともありますが、それはとても印象の似ている場合だけ。

常連のお客さまの中に、強めの香水をつけている専門学校の学生さんがいます。ある日の品出し中、その匂いが感じられました。店内を見渡しても学生さんはいません。思いすごしかなと思っていた二、三分後、自動ドアが開いて入ってきたのはその学生さんでした。そんなことがよくありました。

人と溶け合うという現象も何度か起こりました。ユニフォームを脱いで、普段着の粒子おばさんに戻った時間。ゆったりと寛いで、誰かと話しているときなどに起こります。

久しぶりの早上がりの夕方、自宅近くの公園のベンチに腰掛け、解放された気分でボーッと木々が揺れるのを眺めていました。向こうから、女の人がこちらに歩いてきます。わたしがときどき行く喫茶店の若い店員さん。彼女も仕事明けらしく、「明日はお休み」と言いながらわたしの横に並んで座り、旅のこと、将来の夢など交わしているうちに、二人の境界線がだんだん曖昧になり、互いが揺らぎ、溶け始めるのを感じたのです。彼女にも同じことが起こっているみたい。弱まる西日が彼女の横顔から漏れ、ボワーッと広がって足元に届いています。こんなことは初めて……。

彼女は何ごともなかったように、にっこり笑って立ち上がり、手を振って離れていきました。満ち足りた空間。わたしはしばらくその感覚を味わっていました。

わたしは少しでも時間があれば、自然の静かな場所にいたかった。ただ在ることだけを感じていたかった。

夜中に仕事を終えると、自転車を押しながらネオンの中をただ歩きます。マンションに着いても、十二階の自宅の前を通り越し、隅の階段で屋上へ。屋上の片隅には、ベンチとお花が二、三鉢。眼下には、道路に沿って街路灯の灯かりがぽつぽつと。その先は闇に続いています。

ベンチに座ると、まもなく身体は消えます。しばしの安逸。東の空が白みかける頃、ようやく帰宅。

休みの日には、海や川に行きたくなります。砂浜に打ち寄せる波がわたしの身体を通り抜け、川は、石に腰掛けたわたしのなかを流れていきます。ずっとこの空間にいたい……。

粒子おばさんになった頃、小さな偶然について書かれた本に出会いました。写真家星野道夫さんの『旅をする木』（文春文庫）です。そこに収録された「アラスカとの出合い」にこうありました。

「ある日、東京、神田の古本屋街の洋書専門店で、一冊のアラスカの写真集を見つけた。たくさんの洋書が並ぶ棚で、どうしてその本に目が止められたのだろう。まるでぼくがやってくるのを待っていたかのように、目の前にあったのである。（中略）その中に、どうしても気になる一枚の写真があった。本を手にするたび、どうしてもそのページを開かないと気がすまない。それは、北極圏のあるエスキモーの村を空から撮った写真だった。（中略）なぜ、こんな地の果てのような場所に人が暮らさなければならないのか。それは、実に荒涼とした風景だった。人影はないがひとつひとつの家の形がはっきりと見える。いったいどんな人々が、何を考えて生きているのだろう。（中略）その人々と出会いたいと思ったのである。（中略）

あの時、神田の古本屋で、あの本を手にしていなかったら、ぼくはアラスカに来なかっただろうか。いや、そんなことはない。それに、もし人生を、あの時、あの時……とたどっていったなら、合わせ鏡に映った自分の姿を見るように、限りなく無数の偶然が続いてゆくだけである」

わたしたちの人生は、宇宙から頂いた「いのち」の縦糸、そして自分が手繰り寄せた、限りなく無数の偶然の横糸。その両方が織りなされているように見えます。わたしの人生もまた、わたしの感性が引き寄せた固有の縦横の織物。唯一無二の存在。大いなるものに生かされているのですね。そのことに気づかされました。

# 〔第5章〕トランスパーソナル

# 魂の航海術

「本当のわたし」に気がついた二〇〇〇年頃、世の中は大変でした。

戦後最大の不況。

和歌山のヒ素入りカレー事件。

茨城県東海村の核燃料加工施設での初めての臨界事故。

北朝鮮の弾道ミサイル発射実験。「テポドン一号」の弾頭部が日本列島を越えて三陸沖に落下。

二〇〇〇年五月、ロシアにプーチン政権が誕生。

この年、わが家では、春に次男、秋には長女が立て続けに結婚。


当時のコンビニ業界は、他社との競合はもちろん、「ドミナント戦略」で自社間の競合もあり、狭い地域で鎬《しのぎ》を削っていたような時代。駅裏のわたしのコンビニは、駐車場もなく、車の利用者の多い店舗でもなかったので、大通り沿いに出店するドミナント競合の影響はなかったのですが、他チェーンの新規出店で、利用者をジワッーと削り取られるような状況でした。わたしのコンビニは、まだ「地域のインフラを担う」ところまでは成熟していませんでした。

でも、改革の大波がやってきたのです。インターネットの環境も大きく変化し、コピーやファックスのサービスはもちろん、チケットの購入、宅配便の対応、公共料金の受け取り代行、ＡＴＭ設置などサービスの拡大などなど。コンビニも社会インフラの一端を担わないと、日進月歩で進化するこの世界では生き残れないのです。

二月。十年契約の初めての契約更新の時期がきました。フランチャイズの種類は、土地、建物、内装工事、商品すべてを自分で用意する契約。または本部が用意した店舗に商品のみ用意する契約など、四つか五つのパターンがあります。契約更新に際して、わたしはランクをひとつ上げ、店をリニューアルして、十一年目のスタートを切りました。

わたしが粒子おばさんになったのを、他の人はあまり知りません。知っているのは、一年前九州から出てきて同居している八十歳の母と、コンビニでマネージャーをしている姉、わたしの子どもたち。理解できてもできなくても、母にとってわたしは娘。子どもにとってわたしは母ですから、伝えておかなければなりません。それに、わたしが「師」と呼ぶ舞子さんだけ。

舞子さんは、店のアルバイトとして知り合った、師であり友だちでもある大事な人。わたしよりひと回り若く、ショートヘアの似合う小柄な身体が年齢以上に若く見せています。少し話すと、透明なオーラに包まれているのが観える人。

神出鬼没というのでしょうか、三か月くらい店で働いた頃、彼女は「追っかけの費用が貯まったので行ってくる」と言い残して、香港方面に飛び立っていきました。その後のことは詳しく知らないのですが、四、五か月に一度くらいのペースで、店に立ち寄ってくれるのです。その日の夕方もフラッとやってきて、「おみやげ」と、一枚のポスターと本を渡してくれました。

ポスターには、

「『NAVIGATION OF THE SOUL（魂の航海術）』混迷する時代の心の指針を求めて」

とあります。日本トランスパーソナル学会の会合のようです。『トランスパーソナル学vol．3』（菅 靖彦編集　日本トランスパーソナル学会）という本も添えられています。

講演者の名前とテーマを見ると、

スタニスラフ・グロフ「現代の心の危機とトランスパーソナル」

山折哲雄「魂〜人と宇宙を結ぶ」

山中康裕「闇からのメッセージ」
西平直「『魂』の成長について」
とあります。

以下の文章が目につきました。
――「心の時代」が叫ばれて久しい日本。精神状況の荒廃は進む一方です。政治・経済・教育などのシステムの破綻。増大・凶悪化する犯罪。モラルの解体。バラバラに分断された現代人の心を癒すには、もはや社会システムの変革だけでは対応しきれません。自らの意識改革、心を生命の深部に根づかせる魂の力が必要です。わたしたちは様々な分野の英知を結集し、真に持続可能な普遍の人間性、精神性の可能性を探る必要があるのではないでしょうか。そして、わたしたち一人ひとりの中にあり、人類全体やあらゆる生命、存在に連なる、魂の航海術を、呼び起こす必要があるのではないでしょうか――

「トランスパーソナル」とは「個人を超える」の意味らしい。初めての言葉。
……個人を超える？

「わたし」という「個」を超える？

そういわれてみると、わたしの「個を超える」体験は、「三層のわたし」をきっかけに始めた瞑想です。

「屍のアーサナ」で横たわると、深い睡眠に入った。

瞑想が深まると、雑念が徐々に消え、神秘体験に進んだ。

あのとき確かに、「個人を超えていた」

半年くらい、毎晩そこで漂っていた。

そこは意識の一番奥。何かが起こる予感がした。

そうしてあの粒子体験を得たのです。

ここに何かがある……。

ポスターと本に、自分の体験に通じる何かを感じたのです。改めてトランスパーソナル学会の本を、気を入れて読みました。

あの体験がわたしの単なる思い込みではなく、神との交感、宇宙との融合など、知覚を超えた世界、意識でしかとらえられない世界であることを知りました。やっぱりわたしの妄想ではなかったようです。

そんな稀有《けう》な、トランスパーソナルな体験をしながら、わたしには身体の神秘のことも意識のことも、何も理解できていませんでした。自分が経験したことをもっと科学的、論理的に知りたい、ちゃんと調べたいとあがいて、新聞や本の中に答えを探していたのです。パソコンも携帯電話もない頃、普通のおばさんには検索能力などゼロに等しかったのですから。

そこで、わたしは日本トランスパーソナル心理学／精神医学会、人体科学会の会員になりました。あの体験のことをもっと詳しく知りたい、ちゃんと科学的に教えてもらいたいと学会宛に手紙を書いたこともあります。「単なる一神秘体験」にしたくなかったからです。

しかし残念なことに、日本のトランスパーソナルに関する研究は、わたしが内的体験をした二〇〇〇年直前にスタートしたばかり。

学会誌には、

――「意識とは何か」人間にとっての根本的問いに、科学的に研究が始まった。また、自然や宇宙と人間のあるべき関わる姿そのものが、トランスパーソナルの課題であり研究の務めである――

とあるだけ。まだ研究がなされていないようです。

自分の体験を舞子さんに初めて話したのは、仕事中のことでした。事務所で夕食をとりながら本を読んでいると、集金したお金を金庫に入ようと舞子さんが入ってきて、「店長、どんな本読んでいるの？」と尋ねてきたのです。

あの体験のことを少し話すと、

「地下街の本屋さんで〝ＯＳＨＯのフェア〟をやっているので行くといい。何でも分かるから」と教えてくれました。師匠はこの道に詳しいのです。必要な情報が届けられるようになりました。

## 生きてゆく確信がほしい

「粒子おばさん」になったわたしは、見える世界と見えない世界の境界線を歩き始めたようです。生まれたばかりの芽を踏み潰さないように、細心の注意を払いながら。

粒子になったあの日、身にまとうものも、すがるものもなく、ただ宙ぶらりんで浮いていたわたしの意識。何かを待っていたわたしの意識。まだ、わたしという「個」でした。

ところが、だんだん個の意識は破られ、この浮いている粒子が「本当のわたし」だったと気がついたのです。

新しい「本当のわたし」の意識は宇宙の光の意識。すべてのものの意識。愛の粒子。それに気づいた「新しい意識の粒子」が浮いていました。

量子力学という世界では、人間や動物、水や大地、空気からパソコンに至るまで、わたしたちを取り巻くすべての物質（感情や意識など目に見えないものも）は素粒子でできていて、何らかのエネルギーを出している。エネルギーにはそれぞれ固有の波動があり、その波動は共鳴することで伝播《でんぱ》する——と言われているようです。

瞑想することで深い意識が捉えられるようになると、心身ともに波動が高まってくるのを感じます。夜中眠りについても、意識だけは目醒めています。目醒めたまま、ずっとすべてを観ているのです。その意識はずっと深いところ、霊的な場所にいるようで、四時間でも五時間でも眠りません。

とすると、その時間は神との交感、神聖な行為であることが分かってきました。一連の体験以来、瞑想がわたしの睡眠の質を変えたのでしょう。

夫の死後、先行きの不安を感じながら、わたしは、厳しい世の中を女ひとり清々しくシンプルに生きるにはどうすればいいのか、自分がどうなりたいか、どうあれば心地よいか、何をすれば心が喜ぶか——それを日々の暮らしでも意識し、その想いから離れないようにしていました。それには、核となるものがなければいけない、生きてゆく普遍的真理のような確信がほしい……それを強く求めていました。

「叩けよ、さらば開かれん」ということでしょうか、その結果、わたしは粒子体験という宇宙の真理をいただいたのです。究極の、万能の物差しが手に入った、もう、迷うことはない、わたしは「新しい人」になった——と喜んでいたのです。日本トランスパーソナル心理学／精神医学会、人体科学会の会員になったのも、その意味をもっときちんと知りたかったからです。

## 絶対的幸せはある?

一連の体験をするまで、わたしは精神世界の本なんてまともに読んだこともなかったのですが、自分が経験したことですから、一見難しそうに見えても、なんとか理解することができるようになりました。

当時読んでいたのは、舞子さんお勧めのOSHOの『存在とひとつに』『奇跡の探求』(いずれも市民出版社)の二冊です。続けて『密教ヨーガ—タントラヨーガの本質と秘法』(本

山博著　宗教心理出版）という一冊も。これが面白い。ヨーガといえば、体操のような身体的訓練――と早合点していたのですが、本には、
「ヨーガの究極の目的は、身体や心を健全にするだけでなく、人間の存在そのものを霊的に進化させ、宇宙の絶対者と一体にならしめるところにある」とあります。

チャクラ、アーサナ、プラーナヤーマ、バンドハ、ムドラ――知らない言葉がいっぱい出てきました。図入りの丁寧な解説。あの体験しか知らないわたしは、ぐんぐん惹きつけられました。

本山博先生は色々な顔をお持ちの方。神社の宮司、密教ヨーガ・グルの第一人者、カリフォルニア人間科学大学院大学の創設者、宗教心理学研究所所長、超能力のある宗教家、密教行者、ＡＭＩという経絡臓器の機能測定機を発明した科学者。

こんな方の道場が、すぐ近所の、自転車で行ける神社で、月に一回開かれていると聞いてびっくりです。瞑想もヨーガも何も、これまで指導も受けたことはありません。わたしの瞑想も我流。ただ寝るだけ。坐り方もよく分かりませんでした。

道場に行ってみると、五十畳はあろうかと思われる大きな広間に、何年も修行を積んだような人たちが三十人ぐらい集まっています。申し込みをして、体験入門のお許しをいただきました。

指導者は東京の道場から派遣された女性。お若い方と見えたのですが、見えない世界のことがよく観えるようです。

ヨーガの行法には、心の浄化、調和、安定などを得る訓練。気や血液の循環、神経機能や筋肉の動きを調える姿勢や呼吸法の訓練。他に精神的訓練、霊的訓練、心霊との合一。色々な階梯《かいてい》があるようですが、驚いたのは、瞑想のポーズの中に、わたしがお世話になったあの「屍のアーサナ」があったのです。まあ、うれしい。改めて勉強のやり直しです。

まず仰臥《ぎょうが》して、腕を身体の両側に置き、手の平を上に向ける。

身体をまっすぐにして、かかとをすこし開く。

目を閉じて、全身の力を抜き、身体は動かさない。

呼吸は自然に、リズミカルに。吸いながら「1」、吐きながら「1」。吸いながら「2」、吐きながら「2」。それを心のなかで数えながら、呼吸を繰り返す。

雑念が湧いたら、ただ流す。

数分間、心が呼吸に集中すると、心身ともに弛緩し、気持ち良くなってくる。つきたての餅が台の上で緩み、ゆっくり広がるような感じの瞑想法です。

呼吸の数は数えませんでしたが、この姿勢は、わたしが初めて体験した「三層のわたし」を観たときとまったく同じ。疲れきったわたしに合った瞑想法は、これしかなかったのでしょう。

若い指導者は、この日が初めてのわたしに「はい、背筋を伸ばして」「はい、会陰《えいん》を引き上げて」「身体の力を抜いて」と声をかけて、最後に、「あなたの頭上に、知的なものが見えます」と。知的なもの？　なんでしょう。知識でないことは分かりました。

本山先生の講演会があると聞くと、時々出席させてもらいました。「神さまに向かうときに大事なことは、素直な心と勇気です」という先生の言葉が、ずっと残りました。

わたしは、二年以上続いた体験をあっさり捨てることはできませんでした。科学的に、自分が納得できるように、きちんと理解したかったのです。

新聞を開くと、宇宙の膨張、加速器、ニュートリノ、スーパーカミオカンデ――そんな言葉がよく目につくようになりました。物理学なんていちばん遠い分野。本を読んでもまったく理解できないのに、「粒子」という言葉はすぐ目に入りました。科学音痴のわたしもだんだん見えない世界の言葉に耳慣れてきたようで、科学がすこし身近に感じられるようになってきたようです。

それまで、すべての物質の素となるもっとも細かい単位は「原子」と思われていたが、その後の研究で、もっと細かい「素粒子」が発見された。ニュートリノはその一種で、宇宙にもっとも豊富に存在している、らしい。

ニュートリノは「電荷」を帯びていないので、他の素粒子と反応することがほとんどなく、わたしたちの身体を、一秒間に約一兆個も通り抜けていても誰も気づかない、らしい。

岐阜県飛驒市の神岡町に、後にノーベル物理学賞を受賞する小柴昌俊博士率いる東京大学宇宙線研究所があり、地名に由来して「カミオカンデ」、その後「スーパーカミオカンデ」と名づけられたエネルギー加速器のことが話題になっていました。

二〇一一年になると、新しい素粒子「ヒッグス粒子」が発見され、「神の粒子発見」などと報道されていました。

素粒子物理学では、現在解明されている陽子や中性子など観測されている物質は、驚いたことにわずか宇宙の5パーセントしか占めておらず、残り95パーセントは、正体が分からない「暗黒物質」「暗黒エネルギー」と言われているようです。

宇宙の仕組みを知ること、自分の本質を知ることは、ものの見方や考え方に影響するのではないでしょうか。人間は、目に見える5パーセントがすべてと思わず、まだ分かっていない95パーセントの世界に畏敬の念を持ち、謙虚に生きるべきだろう――と思うように

なりました。そんなことを考えていると、

「人間の身体も物質だから、細かく砕くと素粒子へ行きつく。しかし、科学は、意識をどこまで解明できるのだろう。すべてひとつの意識、愛の粒子、その質まで科学で分かるのだろうか」

こんな疑問が出てきたのです。

科学の貢献は大きい。その発達は便利な物質世界を創り出し、物理的苦痛を大幅に軽減してくれました。しかし、科学の恩恵だけで人は幸せになっただろうか。なってはいない。いっとき幸せに感じられることがあっても、状況が変わればいっぺんに苦悩のなかに落とされる。幸と不幸の間を行ったり来たり。まるで振り子のように。

では、絶対的幸せはあるのだろうか。

何ものにも左右されない幸せがあるのだろうか。

わたしの答えは、体験的に「あった」です。

でもそれを、わたしには科学的な説明などできない、95パーセントの暗黒物質の世界なども説明できません。それでも「ある」のです。それには、心の奥へ分け入って、直に触れてくるほかはない。意識の最奥の「本当のわたし」を体験するしかない。

あまねく広がる宇宙のエネルギーの流れ、そこにすでに存在する絶対的幸せ、それを説明できるような言葉、その科学的な、論証的な根拠。それがほしいのですが、それは見当たらない。

## 意識の人

地球は、環境破壊や大気汚染で危機に瀕しています。どうしてこうなったのでしょう。人は、物質的世界に目を向けすぎたせいで、その分、精神的、霊的世界が疎かになり、バランスを崩したのではないでしょうか。

長い歴史のどの時代も、人は際限のない欲望のまま心と肉体を駆り立てて、争い、奪い合い、生きてきたように見えます。人の持つ意識のエネルギーの多くが、外へ外へと向かって流れてきたのでしょう。

「こころの時代」と呼ばれた時を経て、わたしたちの意識が「わたしは誰か」を問い始め、自分の本質を、霊的進化の道をようやく探し始めたのです。やっと、人間の意識のエネルギーが方向を変え、内へと向かい始めたのを感じます。

わたしはあの体験をした二〇〇〇年頃からの時を、「意識の時代」とひそかに呼ぶようになりました。これからますます「意識の人」「新しい人」が増えてくる予感がします。

自分の本質で生きる「意識の人」「新しい人」。そんな人が、皆が幸せを感じられるシンプルな世界を創り始めるに違いありません。「本当のわたしは誰か」を知り、それを生きることが、人間として生まれてきた意味に違いない。わたしはそう確信し、それは、わたしの信条となりました。

行先を見失った船が　荒波の中を漂っている
船はボロボロ　燃料も食料も乏しくなり
乗客も船員たちも疲れ果て
船室にこもり夢をみる
船長は甲板にただ立ち尽くす
そして　疲れた身体を静かに横たえる

静寂の霧がおりるとき
満天の星は輝きを増し　地に浮かび
月光ははるか水平線の波にきらめく

海を渡る風は聖なる予感をまとい

優しく船長のハートを撫でる
「ただ観るだけ」の時の訪れ
やがて　曙光《しょこう》の一滴は波に弾け
船長は目醒める

増えもせず減りもせず　絶え間なく届く
愛の波動は贈り物

愛のエネルギーはその腕にすべてを抱きかかえ
今日もあまねく広がりつづける

## 行動的になった

心を動かされることがあると、わたしはすぐ行動するようになりました。積極的、行動的になったのです

本に挟まれている読書カードを書く。ファンレターを書く。講演会や映画の感想をメモ

する。届こうが行方不明になろうが、こちらは構いません。

心が震えることは聖なるエネルギーの交感。高い次元へ行く道しるべであると感じていたからでしょうか。

『新しい人よ眼ざめよ』（大江健三郎著　講談社）という本の広告を見て、新しい意識に生まれ替わり、「新しい人」になったと感じていたわたしは、畏れ多くも次のような手紙を書きました。投函するとき「さあ、飛んでいけ！」と紙飛行機を飛ばす気分で。もちろん、住所は分からないので出版社宛てに。

大江健三郎さま
先生、おはようございます。

たった今、六月四日付の朝刊が届いたところです。

一面に、先生のカラー写真と「新しい人」をテーマにした講演会の記事。一週間前にも、魂をテーマにした『宙返り』を上梓されたというニュースを知りました。

反射的にペンをとっている自分に、このわたし自身が驚いています。

わたしは、先生にお手紙させていただける者ではありませんが、ある体験以来、魂を、新しい愛をテーマに生きようとしている者です。「自分は新しくなった」と感じている者です。それゆえ、こういう手紙を差し上げることになりました。どうか不躾な手紙をお許しください。

先日、ＷＨＯ（世界保健機関）の「健康の定義変更」のニュースが報道されました。

「健康とは身体的、精神的、社会的且つ霊的に、完全なひとつの幸福のダイナミカルな状態」――と、「霊的」という言葉を、新たにつけ加えたのです。

そんなとき、先生の新作のことを読みました。

世の中が、大きく動き出したのを感じました。

先生の「新しい人」とは、どういう人でしょう。今から、楽しみにしています。

わたしも「健康で、新しい人です」と言える生き方を模索して生きていくつもりです。

突然の失礼をお詫びするとともに、先生の益々のご活躍をお祈り申し上げます。

（一九九九年六月四日）

## ＷＨＯの「健康の定義」

右の手紙にあるＷＨＯの「健康の定義変更」のニュースは日本でも大きく報道されました。

「健康とは身体的、精神的、社会的且つ霊的に、完全なひとつの幸福のダイナミカルな状態」――と、「霊的」という言葉を、新たにつけ加えようとしたのです。「霊的」という言葉は、文化的、宗教的な背景に基づいた健康観を提案したもの――と考えられているそうです。でも、審議の結果、採択が見送られたという経緯があったようです。

あらためて自分で調べてみると、

「健康とは、病気でないとか、弱っていないということではなく、肉体的にも、精神的にも、そして社会的にも、すべてが満たされた状態にあることをいいます」（日本ＷＨＯ協会訳）と、以前のままでした。「霊的」という言葉は見当たりませんでした。

わたしは、この「定義」に違和感を覚えました。

わたしが生まれた一九四七年に採択されたという「健康の定義」。わたしの年齢に則していえば、何という時代の変わりようでしょうか。ＡＩの出現でわたしたちを取り巻く生活環境は大きく変わり、これまでの意識のままでは生きていけません。この先もっともっと速いスピードで世界は変わっていくに違いありません。ＡＩにはエゴや偏見がなく素直な分、人間よりも早く意識や魂のことを学習して、逆にわたしたち人間に教えたりする時代が来るかもしれません。

いま、「人生一〇〇年時代」と言われます。肉体的にも精神的にも社会的にも、健康のバロメーターは低くなっていくのは当然です。そんな長い日々を揺らぎなく支えてくれる普遍的な何か——それを示してほしいと思うのです。

変化する時代環境のなかで、わたしたちの意識も目覚めつつあります。肉体と精神を超えたものに生かされていることに、多くの人が気づいています。人間も自然の一員。「根っこ」がなければ、花は咲かない。根っこのない健康なんてあるでしょうか——そんな思いが湧いてくるのです。ですから、あの定義はやっぱりおかしい。

## あれは何だったの？

つい二、三日前に寄ってくれた舞子さんが昼過ぎにまたお店に現われました。「どうしたの」と尋ねると、「わたし、まだよく読んでないんだけど、店長の言っていた本があったので持ってきたよ」と手渡し、さっさと帰っていきました。『個を超えるパラダイム』（スタニスラフ・グロフ著　吉福伸逸編集　平河出版社）。

先日、「粒子体験のことを調べているのだけど、なかなか見つからない。どこかにないかな」とわたしが話していたのを覚えていて、わざわざ届けてくれたのです。

前にも書きましたが、わたしはあの一連の内的体験をただの神秘体験として見過ごしたくない、「ただの個人的な夢」にして忘れたくなかったのです。

あのとき、わたしの意識はずっと醒めていました。ただ在るだけで幸せでした。何も知らず、何も考えず、あの至福のなかでただ生きるのがいちばん幸せ。これ以上何があるというの……と感じていました。

しかし、悲しいかな、しばらくするとあの体験について、（これ、どういうこと？　何という の？　名前はあるの？）と、わたしの理性が何度も何度もささやいてくるのです。（やっぱり自分の体験したことだから理解しなければいけない。調べてみよう）と決心したのです。こうして面倒で、困難な道をまた歩き始めたのです。

あれはいったい何だったのでしょう。

限界いっぱいに膨らんだようなモヤ。そこにほんの小さな光が触れた瞬間、ひと粒のわたしの意識の種は、モヤとともに風船が弾けるように砕け、飛び散り、わたしは粒子となって浮いていた。

これがわたしの身体、これがわたしの心——というような「個」が消えて、浮いているのは、「すべてひとつ」と思える新しい意識の粒子。「本当のわたし」と知っている新しい意識の粒子。愛の粒子だった。

あのとき、「ただ観ている意識のわたし」は溶け去った。観るものも、観られるものもいない。粒子となった意識が浮いていただけ。「ただ観ている意識のわたし」は光に触れて、新しい意識の粒子、「愛の粒子」に変容したのです。

浮遊する埃のような、塵のような粒子。
すべてひとつの愛の粒子。それがわたし。
本当のわたしは、ここに在ったのです。

すべてのものの最小単位である素粒子の世界。
目に見えないこの領域には、すべての意識があった。
愛の意識。純粋意識。すべてのものの意識。本当のわたしの意識。
すべてが溶け合い、共振するところ。
ひとつであり、すべてであるところ。
すべてのものの源。
エネルギーの海。

粒子。

波動。

バイブレーション。

あまねく宇宙の果てまで広がり続けるエネルギー。

雑念が止み、思考が止み、呼吸がゆったりリズミカルに整うと、心も身体も深く寛ぎ、静まる。わたしは意識を身体の内に向け、呼吸やエネルギーの動きを観ている。一連の体験をじっと、ただ観ている。それが「観ている意識」

あとになって考えると、わたしは、光によって変容した「本当のわたしの意識」「宇宙意識」だった。これは今まで体験したことのない意識、わたしにとってまったく「新しい意識」

そこに「魂」を観た。

わたしの「魂」はそこにあった。

「魂」の波動。

「魂」と、思考や言葉や行動が発する波動が共振する。あるときは高いエネルギーの世界、ときには低いエネルギーの世界として、それを創りだしているのかもしれない。
わたしたちが感じる「観ている意識」「わたしの意識」、この意識のエネルギーこそが「魂」、すなわち「いのち」と呼ばれるものではないか……?

## 『個を超えるパラダイム』

そんな解釈ができるようになったところに、『個を超えるパラダイム』という本が届けられたのです。

わたしは心底、本当に、あのような体験をした人の話を聞きたいと願っていました。わたしの理解はあくまで個人的な、わたしの小さな経験だけからの解釈。もっと多くの人と共有できる、もっと論理に裏打ちされた、もっと整合性のある情報がほしかったのです。

そのあたりのことを調べていくとワンネス世界の記述は多くあったのですが、意識が粒子であるという話はどこにも見当たりませんでした。

ところがこの『個を超えるパラダイム』の中に、わたしが求めていた粒子体験に関する情報を発見したのです。それは、『仏陀の微笑――パラダイムの展望』(ジャック・コーンフィールド　大野純一訳)という論考の中にありました。食い入るように、心して読みました。次の文章です。

――目覚めているとはどういう意味でしょうか。霊的な意味で目覚めるとは何を意味するのでしょうか。（中略）目覚めはじめることとは、限られた個人的展望――この一回の人生、現在の自分、望み、職業、祖国、恋、霊的発達――よりも大きな展望に立って世界が見えることができることを意味します。目覚めはじめるとは、自分が考えている自分自身と世界に関する知識を超越しうることに気づくことです――

――意識は深い瞑想において学ばれますが、意識が物理学の粒子理論に似た捉え方をされることもあります。心が静まると、世界に存在するあらゆるものが、六つの感覚対象とともに生起する意識の瞬間であることがはっきり見えてくる。存在するのは視覚と視覚の認知、音と音の認知、匂いや味とその認知、思考とその認知だけです。

瞑想の場合のように、心を徹底的に集中すれば、全世界が視覚とその認知、音とその認知、思考とその認知という小さな出来事へと分解されることがわかってくる。もはや、家も、車も、身体も、自分自身さえ存在しない。目に見えるあらゆるものは、経験としての意識の粒子なのです。

ところが、別の形で瞑想を深めて心が静まると、意識が波、海、大洋のように見えてくる場合もある。今度は、あらゆる音や光は粒子ではなく、この意識の大海に含まれる。この視点には、粒子の感覚はまったくありません――

知りたいことがここにあった！

なるほど、別の形で瞑想を深め、心を静めると、粒子と見えた意識が波のように見える場合もあるという。

量子力学の講座で知ったことですが、「二重スリットの実験」というものがあり、その実験の結果、電子などの粒子が粒子性と波動性の両方を持ち合わせていることが分かっているとのこと。「あ、わたしの体験と同じ現象を言っている」と思えたのです。

あの粒子体験で、わたしは「粒子として在った」でも場合によっては「波動として在る」のだろうか。それとも、粒子でありながら、波動でもあるのだろうか？

あのとき粒子は塵のように浮いていたと同時に、波動のようなゆったりした流れにいるようにも感じたから。意識が観ていると「粒子」。意識しないところでは「波動」として在るのだろうか。

――科学的なことは分からない。ひとまずおいておくとしよう。

でも……疑問も湧いてきます。
「六つの感覚対象とともに生起する意識の瞬間」とは、どういうことだろう。
同じ本の別のところには、こうありました。

——ある人が仏陀にこうたずねました。「あなたは仏陀であり覚者です。そこでご説明ねがいたい。世界とは何でしょうか」。すると仏陀はこういいました。「世界は視覚、聴覚、味覚、臭覚、身体の諸知覚、および心的知覚——思考と感情——という六つのものからできています——

これが「六つの感覚対象とともに生起する意識の瞬間」のことだと思いました。
同じ論考の中の、以下の言葉にも、わたしは強く惹きつけられました。

——世界は何を必要としているのでしょうか。依然としてとてつもない苦しみが存在している以上、この問題は具体的に探りつづけねばなりません。さて、食物、石油、衣類、住居がもっと必要だといわれる。何というナンセンスでしょう！　食物や石油はすでに十分にあるにもかかわらず、貪欲、憎悪、欺瞞、無知、偏見のせいで、しかるべく分配されないだけなのです。（中略）「世界が必要としているのは石油や食物ではなく、貪欲や偏見や恐怖を減らし、愛を増やすこと――ただそれだけなのです」――

感動です。

わたしの望みは「世界の皆と幸せになる」。それだから。

理解が深まってくると、ものごとが少しシンプルに見えてくるような気がしました。

ちょうど二〇〇〇年という節目。わたしのなかに、時代の大きな節目の上を歩いているような感慨が込み上げてきました。

# （第6章）「何もすることはない」

# 秋神の祈り

あの粒子体験から二年以上経ち、コンビニも十年を過ぎて契約更新。インターネット環境も目覚ましく整い、気分も一新して、さあ、新たな十年へとスタートです。

毎日、相変わらず飛び回っていましたが、頭のなかはいつも「わたしは粒子」「本当のわたしは意識」でいっぱい。心は、いつも静寂のなかにいたいと思うばかり。近くの樹木の多い公園や水が流れている場所を見つけ、時間があれば、深い意識のなかにいる時をもつようにしました。

郊外の荒涼とした枯れ木の高台。わたしは北風の中に消え去り、小川の石に座り、流れの音に溶け去って、「本当の自分」を内観します。あの意識の息づかいのなかにいる必要があるのです。本当の修行がしたい……という思いが募っていました。

前にも書きましたがわたしが生まれたのは、英彦山の麓にある小さな村です。

わたしが通った中学校は村の中心、駅の近くにありました。その北東に位置する自宅から、行きは英彦山を背に4キロほど下り、帰りは山に向かって登るのが通学路でした。

衣を取り替えるように、英彦山は四季ごとに姿を変えます。

春は、山桜のうす桃色のカスミの衣をまとい、夏は、濃い緑と澄み切った青空に、白い雲がゆったり流れています。秋が深まるにつれ、あざやかな紅葉に染まり、やがて色あせて白い雪の冠をつける。毎日毎日、山と対話しながら通学しました。ひとりでも寂しく感じることはありません。そんな英彦山がわたしの原風景。

その風景は、わたしの心の奥深く、静謐《せいひつ》な場所にそっとあります。大人になってからもその風景が深いところでわたしと共振しているようです。懐かしく、愛おしい。一方で、ほろ苦く、どこか、もの哀しく、それでいて心地よい。そんな鼓動が伝わってくるのです。

そんなことを思い返していると、「もっと先を観たい」という思いが湧いてきました。

ある日の新聞のこんな記事に目が留まりました。

「チベット仏教の今～ブッダガヤ世界平和セレモニーの祈り～
チベット仏教の瞑想　「空性」体現の修行と伝承　林久義」

林久義先生は、チベット仏教・ニンマ派のラマ僧。岐阜県秋神《あきがみ》在住、とあります。秋神は、飛騨高山・御嶽山《おんたけさん》の北西に位置する、標高千メートルの霊地のようです。

直感的に、「この人に会いたい」と思いました。

その記事を切り抜き、机の中に大事にしまいました。お店はちょうどスタッフの入れ替わりの時期で、完全な休日は取れそうもありません。でも夏もそろそろ終わる頃、シフトの見まちがいで出勤してきたスタッフに替わってもらい、急遽、休みが取れることに。

わあ、ありがたい。迷うことなく、切り抜き持参で「ワイドビューひだ」に飛び乗りました。

アポイントはなし。わたしの行動基準はだいたい「縁次第」。相手の方にはご迷惑なことでしょうが、たとえ会えなくても無駄だと思わないのがわたしの流儀。自分の思いに添うことが大事なのです。

名古屋から高山まで二時間半。そこからタクシーで三十分。

市街地を抜けると樹木がトンネルを作っている山間《やまあい》の道。しばらく走ると目の前が開け、バスの終着点らしい。そこでタクシーを降りました。運転手さんは「四時に迎えに来ます」とターンして消えました。

道の両側は段々の田んぼ。四、五軒の家があり、おばあさんがこっちを見ています。

「こんにちは、林久義さんを訪ねてきたのですが、お家はどちらでしょうか?」

「ああ、林先生のところか。先生は一番奥じゃ、このまま行けばすぐ分かる」

道が森に消える手前に、小さな先生の家。

呼吸を調えて、

「こんにちは」

――無音。

もう一度「こんにちは！」。返事がありません。

草むらの石に腰を下ろし、「ご縁がなかったのかな……」とひと休みしていると、「どこから来たんじゃ？」と突然、背後から声。刈草にすっぽり身体を包まれたおじいさん。

「名古屋から来ました。林先生、お留守のようですね」

「先生は、毎日その裏の上の地におる。ひとりで寺院を建てておられるのじゃ。その道を上がっていけば会える」

澄み切った空気のなか、「カーン、カーン」と微かな音が伝わってきました。

## 「何もすることはない」

道を上がっていくと、坂の上で作業をしている気配がします。

整備された空き地。右奥のモミらしい木の下で女の人が子どもを抱いて座っています。

中央にコンクリートの土台。その隅で、麦わら帽子の男の人がかがんで作業をしています。

寺院の基礎を建築中のようでした。これから枠を組むのでしょうか、そばに材木が積まれています。

「こんにちは」と声をかけると、男性は帽子を取りながら立ち上がりました。まだ三十代ぐらいの若いお坊さんです。「初めまして。水谷と申します」と突然の訪問の失礼を詫び、新聞の切り抜きを手渡しました。

「チベット仏教金剛乗ニンマ派ウッディヤーナ山タルタン寺　山主　林久義」

これが先生の正式なお名前。タルタン寺は、二〇〇〇年の春、標高千メートルのこの霊地で建設が始まり、十年近くかけて、自力で、りっぱな寺院が完成します。わたしが訪ねたのは建設が始まったばかりのとき。

先生は岐阜県出身。大学卒業後、一九八四年から米国カリフォルニアのオディヤン寺院の建設作業に参加。チベット仏教ニンマ派の師タルタン・トゥルクの下で、チベット仏教の理論と「ゾクチェン瞑想」を学びました。

その後、梵鐘勧進《ぼんしょうかんじん》の成就、音声供養に従事。

一九九三年から、インドのブッダガヤ「世界平和セレモニー」の実行委員として世界平和を祈願する法要に参加。さらに師とともにインド、ネパール、チベットを巡礼しながら「時間、空間、知識」TSK瞑想修行（T＝time　S＝space　K＝knowledge）を深めたそうです。

一九九五年帰国。教職に就いたのち、本の執筆や翻訳に従事。オウム信者の脱会サポートや福祉関係のカウンセラー、企業研修の講師として仏教心理学の理論と実践、瞑想やクムニェ（チベット医学の瞑想法）などのセミナーを各地で開いておられます。

林先生は、仏教修行の道に入られた経緯、このお寺を建てることになったわけ、トランスパーソナルのことなどを、丁寧に話してくださいました。

わたしも、あまり人に話したことのない二年余りの自分の体験のことをお話ししました。粒子だったこと。本当の自分は意識だったこと……をぼそぼそ、とぎれとぎれに。

時間はあっという間に過ぎました。迎えの四時が迫っています。赤とんぼが目の前を横切ったり、急に向きを変えたりして飛び交っています。でもこのまま帰るわけにはいきません。最後に、どうしても聞かなければならないことがあります。

「先生、わたしはこれから何をすればいいでしょうか」

「何もすることはない。今の生活、仕事のなかに体験を生かしなさい」

「…………」

断食したり、滝行したり、寺にこもったりするような修行の道を望んでいたのに、「何もすることはない……？」。がっかりしたのを憶えています。

タクシーが待っているバス停まで送っていただき、お別れしました。

普段の生活に戻っても、「何もすることはない」の言葉が、禅の公案のように頭から離れません。修行の道に進みたい……その思いが日増しに募ります。自分のことだけ考えられる状況なら、迷わず出家していたでしょう。月に一回、岐阜駅近くのお寺で開かれている林先生のセミナーを受けることに決めました。

初回は母、姉、妹も一緒に参加。みんなでお話を聞き、その後、瞑想です。母は娘三人が揃った外出が嬉しかったようで、また行きたいといっています。セミナーは日曜日の午後。なんとかかんとかして時間をつくり、できる限り通いました。この後、名古屋セミナーも開かれるようになり、今でも続いています。

林先生の師、タルタン・トゥルク大師の教えから。

○静寂のなかで、心と身体が透明になる。そのとき、あなたは真の自分を取り戻す。

○いかなる感情が起ころうとも、あなたの視野がなくなるまで、その感情を広げて、のんびりと寛ぐとよい。そこには、ただ風景があるだけだ。

○心身を注意深く観察する方法を学ぶことで、わたしたちは感情を乗り越え、自身を智慧へと導く「大慈悲」に気づき始めることであろう。

林先生訳の『静寂と明晰』（ラマ・ミパム著　タルタン・トゥルク解説　ダルマワークス）、『秘められた自由の心』（タルタン・トゥルク著　ダルマワークス）を読みました。難しい。でも、自分の体験を振り返ると、理解できることも多くあります。その中心は瞑想。チベット仏教に少し触れることができたような気がします。

あの粒子体験をするきっかけも瞑想でした。わたしにとって瞑想は漠然としたものだったのですが、『秘められた自由の心』に、明確に記されていました。

――瞑想はあなたの成長と幸福の基盤です。瞑想は日常の質を変え、想像力を刺激し、精神力を促し、そして心と身体の統合をもたらします。自覚が深まってくると、わたしたちは経験のあらゆる瞬間を豊かにする、内なる成就の源に触れることができます――

なるほど、瞑想は、すべての人に開かれている本当の幸福への道。宇宙の真理に繋がる道なのですね。遠いところではなく、自分の近くにある入口。勇気をもって入っていくだけ――とあらためて気がつきました。

自分の内側に、静寂の雪だるまを作るように、または、風船に静寂の息を吹き込むように、これ以上膨らむと壊れる――というところまで育てる。思い返せば、わたしはこの宇宙の真理に繋がる道を、修行としてではなく、ワクワク楽しみながら進んできたようです。

大変だったのは、この後。

（この体験の先に、まだ何かある。きっと、光だけの世界が……）とわたしは思い、そこへ行くための修行がしたかった。それなのに「何もすることはない」という林先生の言葉。これから、何をして進んでいけばいいのでしょう。

## 「何をしてもいい」

一歩も踏みだせない日が続いていたある日、次男が顔を見せました。

お茶を求め、「廃棄ロスの弁当、ここで食べていい？」と言う次男に、禅の公案のようになっていた「何もすることはない」のことを話してみました。

次男は無言で食べていたのですが、お茶を飲み終わるとこう言うのです。

「それは、何をしてもいい……という意味だよ。きっと」

「……そうか、何をしてもいいのか！」

そのひと言がスーッと肚に落ちました。心を自由にしてくれました。

そうなんだ、もう自分の思うとおりに、自由に生きればいいのだ……その気持ちのなかに傲慢さはありませんでした。心地よかったのを覚えています。

## 新しい人

あの粒子体験後、つくづく思ったのは、

「人生、半分しか生きていなかった」「この体験はわたしの意識革命だ」という想いです。

自分なりに一生懸命に生きてきたつもりですが、まるで長い間眠っていたような感じです。

半分しか生きていない？　いったいこれまで、何をしてきたんだろう？

この感覚は棒で頭を殴られたように強烈でした。

では、全部を生きるってどういうことだろう。具体的に、どのように生きればいいのか。

年齢でいえば、わたしの人生はとっくに折り返し地点を過ぎています。でも、半分しか生きていないことに気づいた以上、新たな半分の道を歩き出さなければなりません。

でもすぐに、あまり難しいことではないと気がつきました。なぜなら、今までの生き方に何かを足したり引いたりすることではないからです。

わたしは、これまでのわたしではなく、「新しい人間」に生まれ替わった。その新しい人間がこれまでどおり一生懸命に、新しい現実を創って生きていけばいい。難しいことではなさそう。新しい自分を生きる？　ワクワクします。

宇宙の波動のなかで生かされている「本当のわたし」。それに気づいてからは、自分の考えや行動、あれこれの事象を見る目が、これまでとは少し離れた場所から、もうちょっと広く、客観的視野で観察する感覚に変わったようです。新しい人は、いつも内側で感じます。

外からやってくるあれこれに、いちいち反応しません。心身は寛ぎ、静寂のなかで腹式呼吸をしています。心は感情から自由になって、ものの見方がとてもシンプルになっています。

もちろん外側の現実世界は、何ひとつ変わっていません。苦しみや悲しみ、怒りも昔のままにそこにあります。新しいわたしは、それらがわたしのそばを流れていくのをただ観ているだけ。

新しい人も、苦しみ、泣き、怒ります。

でも、その質が少し違っています。そういう感情と直結していないというか、ちょっと距離を置いて観るようになったというか、そんなふうにわたしは変わりました。

かつてのわたしの判断基準は、「こっちかあっちか」「善か不善か」「成功か失敗か」「愛か憎しみか」「幸か不幸か」でした。感情のまま、思うまま。そういう見方しかできなかったのです。

感情のまま生きていくと、ものごとは複雑になります。だから、行ったり来たり。いつも同じパターン。あれこれに悩みながら「人生、問題があるのが当たり前。ブッダも現実世界は苦であると言っているではないか」と、長い間ずっと、自らを慰めながら生きてきました。

ところが、あの粒子体験は、自分の内にある心や感情、意識に直接触れることで、その先に、大いなる智慧と愛に出会う道があることを教えてくれたのです。

あれこれの苦悩は、「本当のわたしは誰か。自分の本性を知らない」という無知から生まれることも分かったような気がします。

クライマックスのようなあの粒子体験の少し前。

次々に自分に起こる不思議な出来事のさなか、わたしは科学者になろうと決心していました。自分に起こる出来事を科学的に、つぶさに観察しようと決めたのです。

もちろん本物の科学者がどのように研究しているのか、まったく知りません。ですが、自分の身体が研究材料になります。自分の身体の内側の思考、感情、心、意識。それを毎日観察するようにしたのです。

呼吸や心臓の鼓動。エネルギーがどう動くのか。睡眠、感覚なども直に触れて確かめました。その目で見始めて半年ぐらい過ぎた頃、「自分は粒子」という自分の存在を捉えたというわけです。

その目で振り返ってみると、あの粒子になった体験には、ある物質が触媒の役割を果たしている——と感じていました。

それは光。触媒の役を果たしたような光。

今になって、あれが気にかかるのです。

光が射したあの瞬間、ただの偶然とは思えなかった。

個のすべてを捨て去ったわたしに光が触れた瞬間、まるで化学反応を起こしたかのようにわたしは砕け散った。そして別の次元に粒子の状態で浮いていた。粒子となったわたしには新しい意識があった。その新しい意識がわたしである粒子を観ていた。

粒子体験をするまでの半年間、深い瞑想のなかで身体が消え、宇宙を漂い、深海を泳いでいたような状態が続いていました。その間、わたしの最奥の意識は「何か」をじっと待っていたようです。何かは、もしかするとこの「光」ではなかったか。きっと、そうに違いない。

そう気づくと直感的に、この偶然には意味があると思うようになったのです。もちろんその瞬間は何も分からなかったのですが。

粒子体験の半年前、わたしの呼吸を腹式呼吸に変え、細胞が笑うほどに身体を整えてくれた愛のエネルギーは、「これ以上教えることはない」とでも言うように去っていき、もう働きかけることはなくなっていました。

わたし自身「わたしのすることは、全部終わった。この体験だけで十分、これ以上何があるのだろう……」と受け取っていました。

そして半年後、粒子体験は起こりました。

粒子は至福。

愛だった。

わたしは「ありがとう、ありがとう」の感謝だった。

同時に「わたしはあなた」「すべてひとつ」で、ただ浮いていた。

これが「本当のわたしの姿」
この驚きは例えようがないものだった。

粒子体験のあと何年も経ってから、当時の想いをノートに記していました。

新しい人（二〇一三年のメモより）

聖戦の名のもとに
あたかも農民が畑を耕すように
パンの見返りに
砲弾を自分にむける
身も心も打ち砕き
自分の血をたれながす

暮れ残る夕日が
青い夜の帳《とばり》に変わる

すべてひとつの時に抱かれたのは
いつか
思い出そうともせず今日も戦う
農民が畑を耕すように

わたしはあなた
あなたはわたし
すべてひとつの愛の粒子
これが本当のわたしの姿
これが本当のあなたの姿

もう、戦いは終わった
吐くほどに虚しさを知ったから
あまりにも本当の自分から
離れすぎたのを知ったから
必然という時が過ぎるなかで

日が暮れようとしている
血にまみれた服を脱ぎ捨て
シャワーを浴びる
すべてひとつの時のなかに溶け去る
青い夜の帳が下りるまで

そして
新しい人となる

科学者たちの発見は、結果を仮定して研究しているように感じられます。ある意味で、想定内の出来事といえるのではないでしょうか。しかし、わたしには仮定も想定も何もありません。五十年生きてきたわたし。その自分しか知りません。まさか、そのわたしが「意識の粒子」とは！

時代の先端を行く科学者たちが「神の存在」を信じているとよく聞きます。

村上和雄先生は遺伝子研究の先に「サムシング・グレート」を感じたそうです。

わたしのなかで、神は曖昧なものではなく、もっと確かなものになりました。

神は光であり、エネルギーである、と。

同じように、わたしもエネルギーであるのです。


あの粒子体験のあと、どうしたわけかまったく分からないのですが、わたしの心のなかに、

「映画」

「意識が世界を変える」

という二つの言葉が刻まれたのです。まるでお土産を持たされたかのように。

「意識が世界を変える」を意識したことはありません。

でも「映画」は記憶がありません。

どうしていいのか分からず、とりあえず心の静謐な場所へ大切にしまいました。それは、二十年以上心のなかに置かれたままでした。

そして秋神の林先生に言われた「何もすることはない。今の生活、仕事のなかに体験を

生かしなさい」の言葉どおり、わたしは「新しい人」になり、「すべてひとつ　愛の粒子」という宇宙の真理を公式のように使いながら、大都会の駅裏の小さなコンビニ店長としての二十年近い日を送ることになりました。

（第7章）

# コンビニの小さな窓から

## 母からの合図

二〇〇五年三月。コンビニ店長十五年目。

「二十一世紀で初めて」という国際博覧会が名古屋近郊の都市で開かれました。愛知万博です。百二十一か国から人々が参加し、六か月で二千二百万人の来場者があったそうです。名古屋駅周辺には人が溢れ、駅近くにあるわがコンビニも連日賑わっていました。列をつくるお客さんを前に、どのスタッフも必死に走り回っていました。

わたしも相変わらず多忙ですが、心は鎮まっています。バタバタ取り乱したり、混乱したりすることはありません。大事なマントラ「わたしは粒子」「本当のわたしは意識」という想いが心の奥に、中心軸のようにドーンと納まっていたからです。


子どもたちが巣立っていった二〇〇〇年が過ぎた頃、もうすぐ八十歳という母親が福岡の田舎から出てきて同居することになりました。姉と軽い障害のある甥っ子も一緒に同居することに。つまりわたしを入れた四人が、駅向こうのマンションの十二階で暮らし始めたのです。

母はとても元気。新聞を隅から隅まで読み、テレビの政治討論会を楽しみにする人。みんなが仕事に出かけると手早く掃除や洗濯を済ませ、よく外出していたようです。「今日はお風呂屋さんに行ってきた」「明日はランの館に歩いていこう」「買い物はあの角にあるスーパーがいい」などと活動的で、それなりに都会の生活を楽しんでいるようで、わたしたちも安心していました。

ところが、同居して二年目に入る頃から、少し様子が違ってきました。「田舎に帰りたい」「野菜を作りたい」「マンションはいやだ」と日に日に不安定になり、このままでは、精神を病むかもしれない……そんな様子です。

やっぱりマンション暮らしがいけないのかなと部屋探しを始めました。条件は、母が福岡に住んでいたときのように自然のある生活が送れる所。店から一時間以内。駅から歩ける距離。

ところが、名古屋近郊ではなかなか見つかりません。ようやく決まったのは県外の山の中。広い庭付きの二階建ての田舎家。ここならとホッとしました。庭の端っこに畑を作りました。姉と甥っ子の同居も心強い味方。わたしは休みのとれる週末に帰ることにしました。

夜、列車を降りると、木々の向こうに名古屋に続く高速道路の明かりが首飾りのように連なっています。上空には、都会では見ることのない満天の星。だいいち空気が違います。

畑で花や野菜を作り始めた母は、すぐ以前の元気な姿に戻っていきました。庭先によく現われるサルの一団に野菜をとられ畑を荒らされても、「分け合って食べれば、ちょうどよかたい」と楽しそうです。

そんな母が、九十歳を目前にこの世を去ってしまったのです。

母のために借りた家は母の終《つい》の棲家《すみか》となりました。母は七年間という時をここで生きたことになります。去るには名残惜しい。でも通勤するには遠すぎます。残された者が相談して、結局、家を明け渡すことに決めました。

明け渡しの日。八月の太陽が照りつける昼下がり、母が大事にしていた庭にひとり立っていると、庭の隅で、水道のコックがキラッと光るのが目に入りました。母が花や野菜の水やりに使っていた水道のコック。近づいてそっと両手に包むと、細くゴツゴツした母の手がまだそこにあるようです。

「母さん……」と、声に出して呼んでみました。あたりは静まり返っています。取り壊された畑には陽炎が上がって、庭先ではサルスベリがピンクの枝をゆらゆら揺らし、土手には赤いカンナと小さなひまわりが暑さに耐えて咲いています。

「……花や木は、話しかけると返事をしてくれるばい」

母がよく言っていました。

きっと母は毎日、花や野菜たちに自分の思いを伝え、彼らが聞いてくれたことに「ありがとう」と返しながら会話をしていたに違いありません。彼らは老いた母の心をどんなに慰め、どれほど癒してくれたことでしょう。そう気づくと、「ありがとう、母と一緒にいてくれてありがとう」と感謝せずにはいられませんでした。

……と、バッグの中で携帯が鳴りました。（おかしいな？ ここは電波が届かないはず）と思いながら取り出すと、プツッと音が消えました。発信者は姉。

しばらくすると、下の自販機にお茶を買いに行っていた姉が坂道を登ってくるのが見えます。「電話した？」と尋ねると、「していないよ」。姉の携帯に発信履歴はありません。

不審に思いながら、きっとこれは「ここから、ちゃんと見ているよ」という母からの合図だったに違いない……と思いました。それを姉に伝えると、「母さんらしいね」と笑っています。しばらく幸せな気分が漂っていました。

亡くなった母からの合図。世間の常識からすると、受け入れがたいことかもしれません。しかし、わたしはあの粒子体験を――科学的な知識は何もなかったのですが――リアルなもの、紛れもない事実として受け止めていました。かつてのわたしは奇跡や神秘体験などとはまったく無縁の人。そんな話を耳にしても「あら、そうなの……」と素通りしていました。

粒子体験をしたことで、わたしは自分のなかにある無限の可能性を信じるようになっていて、「そのような力はわたしだけではなく、すべての人に昔から備わった本質である」と知ってしまったのです。以来、それまで持っていた常識という観念をすべて捨て、無限の可能性の世界を生きていくと決めていました。「何をしてもよい」自由な世界で、自分が受け取ったことを信じて生きていくと。

人は、もともと自由です。その可能性を十分持っています。自分にも他人にも制約されない、制約しない。自分を、他人を、宇宙を信頼する。信じるという場所からしか見えない世界があるはずだと。

## 美しい朝

大きなきっかけを与えてくれたのは量子力学でした。

（この考え方で世界が大きく変わろうとしている）と自分なりに感じていたのです。

どういう内容なのかよく理解していたわけでもないのに、見える世界と見えない世界が影響し合い、繋がっている。それが広く世間一般にも理解されてきたようだ、量子力学という研究がそれを証明しようとしている。

それを信じることで、世界が、意識が変わっていく。一人ひとりの意識が変われば、間違いなく世界も変わるに違いない。あの体験は、わたしにとても大きな元気を与えてくれたと感じていたのです。

夜来の雨も上がり、澄み切ったある日の朝、店に入ろうとするわたしを、道路を挟んだ向こう側の空き地から「おいで、おいで」と手招きしている人がいます。店の向かいのビルのおばあちゃんです。おばあちゃんは小鳥屋を営んでいたご主人が亡くなってから元気をなくし、少々混乱するときがあります。正直で、素直なおばあちゃん。

手招きに応じて道を渡ると、彼女は空き地の水たまりを指さし「ほら、きれいね、きれいね」と繰り返しています。

横に並んで彼女の視線の先を見ると、ちょっと大きな水たまりに雲が映っています。雲が現われては流れ、また現われては流れていくのが見えます。雲はゆっくりゆっくり動いて、水たまりの景色を変えています。おばあちゃんはこの動きを見て驚いていたのです。わたしも「まあ、きれいね」と思わずつぶやきました。

（この現実も、雲のように洗い流されるといいのに）と、どこかで思うわたし。こんなところに自然を見ているおばあちゃん。わたしと同じような気持ちのおばあちゃん。（そうよ、そうなのよ）とその小さな肩を抱きしめました。

美しい朝。

世界はこんなに美しく、シンプルなのですね。

## 心のバリアフリー

わたしたちの身の周りには、障害者、病人、高齢者など社会的弱者と呼ばれる人がたくさんいます。彼らに対する差別や偏見も、まだまだ根強く残っているような気がします。人々が意識を変えれば、心のバリアは消え、争いもなくなります。あなたとわたしのなかを、心地よい風が吹き抜けていくのを感じたい、と心から願っています。

もちろん、わたしの周りにも、病気の人や障害のある人がたくさんいます。お客さまの中にも何人もいます。

わが甥っ子もそのひとり。誰にでもきちんと挨拶します。食事がすむと「おばさん、ご飯おいしかったよ。ごちそうさま」と必ず声にします。料理に自信のないわたしはホッとします。わが家でのイベントは、いつも彼の挨拶でスタートします。

彼の特技は記憶力。ずいぶん前のことが話題に上っても、すかさず彼は「あれは、九月十四日だったよ」「あの夜、おじさんはビール、お母さんたちは、酎ハイのんだよね。ぼくは焼酎割りだった」と身体を揺らしながら、その日のメニューを、写真に撮ったように、正確に思い出すのです。

お店の朝、必ずわたしのレジに来る三十代のお兄さんがいます。うつむき加減に店に入ってきて、レジに他のお客さまがいるときは先にコーヒーを取りに行き、レジから人が消えるのを待ってわたしの前で直立不動の姿勢で、こう口にするのです。「昨日、稀勢の里が白鵬に勝ちました。今日は鶴竜と対戦します」「今、横綱は白鵬ひとりになりました」と本の棒読みのように一気に話し、「行ってきます」と出ていくのです。

その彼がしばらく顔を見せない。一週間後、頭に包帯をぐるぐる巻いた姿で現われました。どうしたのと驚くわたしに、「ある店の人が、僕に失礼な態度をとったので、ドアのガラスを割って抗議しました。仕事を休んでいました。では、行ってきます」と。

毎週土曜日の昼頃に店に来る近所の安子ちゃん。いつもお母さんと一緒。週末に訓練施設から帰ってくるのです。わたしの姿が見えないと事務所を覗き、「店長さん、何してるの？」と声をかけてくれます。「いま、昼ご飯よ」「なんで？」「安子ちゃん、もう食べたでしょ、わたしにも昼ご飯、食べさせてね」

「ねぇねぇ、『Myojo』(雑誌)、なんでないの?」

「安子ちゃんが買ってくれたからでしょ。発売日の二十三日まで待ってね」

「二十三日っていつまでなの?」

おしゃべりが済むと、ニコニコしながら手を振って帰っていきます。

安子ちゃんはいつも何の計らいもなく、ストレートに話します。するとわたしの心もバリアフリーになります。残るのは、風が通り過ぎたときの爽やかさ。心が洗われます。

## 何かが変わっていく明るさ

わたしたちの社会には、多様な人々が生きています。

健常者、障害のある人、病気の人、高齢者。

人種、国籍、言語、宗教、教育、性別、価値観なども、まさに多種多様です。

地球の人口七十九億人。一人ひとりが個性的で、同じ人はいない。この七十九億人すべてが平和で、幸せでいられる道はないのでしょうか。

誰もが、「そんなことはありえない。いちばん小さいコミュニティーである家族の中でさえ、争いは起こっているではないか」と言うに違いない。

確かに、争いが絶えたことがない。それは厳粛で、明白な事実。だからといって、いつまでも争いの時代が必要なのでしょうか。争いのない世界を考えられないのでしょうか。

人間は自分と違うものを拒絶する傾向があります。思い込みや固定観念に縛られ、偏見や差別を生み、そうして争いを続けてきました。しかし、それと同じである必要がどこにあるのでしょうか。

村上和雄先生は、「眠っている遺伝子のスイッチをオンにできれば、『こうあってほしい』と望むことはほぼ百パーセント可能になる」——と書いています。

人の能力に差があるのは、その遺伝子を眠らせているか目覚めさせているかの違いだけだ。環境や心のありようで、眠っていた遺伝子のスイッチがオンになると「ガンが消えたり、奇跡の人にもなる」とおっしゃっています。

つまり自分にとって好ましい遺伝子がちょっと余分に働いてくれれば、それまでの自分とは違った自分になれるということ。そのためには、眠っている遺伝子を目覚めさせること。強く請われなければ、遺伝子は目を覚まさないから。現状維持の生き方では、今の遺伝子で十分だと認識し、何も変わらない……。

何より必要なのは、新しい、なりたい自分になること。強く思い、それを信じること。

なるほどそうなのですね。あの一連の経験を振り返ってみると、わたし自身、通常の暮らしに必要な遺伝子を超えて、ちょっと余分な遺伝子のスイッチを押してオンにしたのではないかと思っています。

過労死寸前のコンビニ店長の暮らし。それには強靭な身体が必要でした。慢性の睡眠不足には良質の眠りが必要でした。混乱していた店長さんの心は万能の物差しとなる真理を強く求めていて、その苦境の果てに、スイッチがオンになったのかもしれません。

ありがたいことに、わたしはそうした過酷な環境のなかで粒子体験をし、自分がエネルギーの存在だと知り、だんだん統合されて、新しい人間に生まれ替わったと思えるのです。だからあの粒子体験後、わたしは「争いとは、自分が自分と戦うこと」。そんな感覚を持つようになりました。

戦う心は、それが大きくても小さくても、宇宙の意識や宇宙の波動と溶け合うことはありません。共振共鳴することもなく、大きなエネルギーを生み出すこともないのです。エネルギーを消耗し、へとへとに疲れてしまうだけ。他の人はどうなのでしょう。わたしと同じ体験ではないとしても、多くの人がそれぞれの形の霊的な体験をして、「新しい人」を感じているのではないでしょうか。

新聞やテレビは、ウクライナの戦争のこと、熱エネルギーが不足していること、北朝鮮のミサイル発射のこと、巨大化する中国のこと、物価の値上がり、生活困窮者が増えたこと――などを声高に伝えていますが、でもその向こうに、何かが変わっていく明るさのようなものが見えるような気がします。

多くの人が、いえ、七十九億の一人ひとりが、こんな世界はもうイヤだ、争うのはイヤだ、もう争わないと決意している……。表面から見えないその内側で、みんなの意識が変わっている。そのエネルギーが動いている……とわたしには感じられるのです。

たぶんその時がきたのです。

人々の、世界の意識が、争いや奪い合いから「地球上のすべてのいのちの共生」へと移っていく。そのとき、世界は変わる。

## 店長引退

二〇一七年一月末、三十年近く走り続けた小さなコンビニ生活に終止符を打とうとしていました。契約期限まで三年残っていたのですが、幸い後継者がいたことで、膝の半月板の手術を機に七十歳で引退することに決めたのです。慌ただしい店じまいの作業もなく、契約文書上のちょっと面倒な手続きだけ。

引き継いでくれることになった彼とは、彼が大学生になったばかりの頃が最初の出会い。一緒に働いてかれこれ二十五、六年。自分のどの子より長く一緒でした。わたしの相棒的な、大きな支えでした。長男より一歳年下。彼の誕生日が息子と同じというのもまた嬉しい。「すぐ辞めると思っていたのに、長くなったね」と何回言ったでしょう。彼は多くを語りませんが、わたしの良いところも悪いところもすべてお見通し。

彼の「僕でできることは手伝うよ」のひと言にその成長を見ました。あのひと言はわたしのなかでずっと生きています。

「いらっしゃいませ。おはようございます」

店内に元気な声が響き、お客さまが途切れず入ってきます。いつもの朝の風景。

ピノキオを思わせる子どものような目をした男の人がレジに近寄ってきます。いつものようにレジ前のお饅頭をひとつ手に取って差し出すと、嬉しそうな顔で、両手を耳横で小さく打ち鳴らして出ていきます。

入れ違いに、前のビルのおばあちゃんが茶碗を抱えて入ってきました。

「ご飯、半分ちょうだい」とレジの子を困らせ、レジの子がやんわり断ると、

「そんなこと言わないで、なんでこんなかわいいおばあちゃんをいじめるの？」

お客さまとスタッフとの漫才みたいな掛け合い。仕事がなかなかはかどりません。

昼のピークが済んだ頃、品出し中のわたしをのぞき込むように「店長さんですね」と二人の高校生くらいの男の子が声をかけてきました。

「……え、どちらさま？」。見憶えがない。

そのひとりが小さな声で「一年以上前ですが、彼と二人組みで万引きした者です」とささやきます。

万引き？　話を聞いて、やっと思い出した。近くにホテルや旅館のあるこの店は修学旅行や合宿の若い人の来店が多く、ときどき万引きが起きるのです。

「たしか、遠くの方ではなかった？」

「はい、そうです。もうすぐ卒業です。二人とも就職が決まりましたので、お礼が言いたくて来ました」

万引きが起きると、わたしの心に小さな田舎の駄菓子屋さんの光景が現われます。小学一、二年生の頃、自分が犯した行為。その苦い経験を思い出すのです。

ですから万引き事件が起こるたび、「万引きは、今日ここで終わりにしてもらいます」と当人に告げ、この行為、そして今日という日が、その後の人生を支えてくれるようになることを願いながら、事後処理してきました。

二人の高校生を（もう、この子たちは大丈夫……）と思いながら、わたしは「わざわざ来てくれてありがとう。就職が決まって、本当によかったね。何があってもきっとうまくいくよ」と伝えました。（しっかりね、頑張るのよ……）店の前で見送り、二人の幸せを祈りました。

しばらく店の前でぼんやりしていると、「帰りに寄ってね、山菜とってきたから、おすそわけ」と道路の向かい側からいつもの大きな声。

「店長、車の免許取れたのであとで乗せてあげるわ」と元スタッフが寄ってきました。

わたしは、みんなに助けられ、こんな幸せの流れのなかに生かされているのを実感していました。

二十七年というコンビニでの月日は、周りの皆を年寄りにしました。

開店当初、おばあちゃんに負ぶわれて来ていた子は、自分の子どもを抱いています。

男子高校生は初々しい社会人に、そして立派な管理職となり、今では、その笑顔に昔の面影を残しているだけ。

いよいよ店長最後の日。

夕方から花が飾られた店内で、閉店と開店の二つを兼ねたセレモニー。七十歳のおばあさんに成長したわたしの姿が写真に収められています。長男から大きな花束が届きました。

「無理をしても出ればよかった」と、電話で悔やんでいた彼の声を思い出します。

## 歓送迎会

その数日後、近くのホテルで行なわれた新店長の歓迎会とわたしの送別会。大学生当時アルバイトしていた近所の二人が呼びかけてくれたのでしょう。この二人はずっとコンビニの常任幹事さん。素直に、とても嬉しかった。

歓送迎会の当日。

案内されたホテルの部屋のドアを開けて、あわてて閉めた。大きな、広い部屋。部屋を間違えたと思ってすくむわたし。「店長、ここでいいんだよ」と笑うスタッフの声。

回り灯籠が、ゆっくり回転し始めました。

乳飲み子を抱いている子。二人の高校生を連れた開店当初のスタッフ。コンビニ内結婚をしたカップル。彼氏だった夫を連れた女性。

まるで大家族が、おばあちゃんの古希の祝いに集まったような光景です。

おや、二十年前の美しい看護学生だった子。強盗を取り押さえた静岡の子。ネパールの姉妹、韓国の親子も、ミャンマーの女の子も。高一で入って「いらっしゃいませ」が声にならなかった恥ずかしがり屋の彼が、大きな花束を抱えて笑っている。

わたしの娘が「こんな子どもがほしい」と言っていた、飛び込みで入ってきた男の子。近所の親子も、従妹同士の二人も笑っている。

時々コンビニに寄って笑いを振りまいて帰っていく古いスタッフだった子も、父親の介護をしながら十年近く頑張ってくれた女性スタッフも笑っている。

お世話になった本部の営業の人。

忙しいなか、大勢集まってくれました。

みんな一緒に過ごした戦友。みんな必死で生きていた。

多くの人に助けられ、愛をもらった二十七年。

みんな、ありがとうね。

いっぱいの花束とプレゼントに埋もれたわたしは、新しい店長の車で送ってもらって、深夜の街を帰りました。

# （第8章）森の暮らし

## 田舎の小さな家

店長を引退した半年後の夏、名古屋のマンションから田舎の一軒家へ引っ越し。仕事を辞めた次男と一緒に田舎暮らしを始めたのです。わたしのなかで「田舎暮らし」は必然でした。長年、雑誌や本を見ては現地へ行って確かめるのが趣味になっていたので、わりとすんなり新しい家が決まりました。

新しい自宅の条件は、田舎暮らし、森の生活です。森で遊べること。近くに小川があること。広い庭があること。高い場所など。生まれ育った英彦山の、あの原風景を求めていたのかもしれません。

大きな引っ越しトラックと、観葉植物満載の軽トラ。そのあとを助手席にわたしを乗せた次男の車が続きます。高速道路を降り、木曽川を渡って北上。小さな町を抜けるとすぐ登りの山道。しばらく走るとまた小さな町。ホッとする間もなくまた山。何度もこれを繰り返し、やがて山道。アップダウンの続く道を進むと、緩やかな登り坂。ポツンポツンと四、五軒の家。細い脇道を登ると、ようやく草と樹木に埋もれた新しいわが家が見えました。

脇道に大型トラックは入れません。軽トラでピストン輸送の繰り返し。日暮れまでに荷物を家の中に運び込まなければなりません。運送屋さんの三人は大きな荷物を家に運び込むと慌ただしく帰っていきました。残されたわたしと次男はどうにか寝るだけの空間を作って、倒れるように寝ました。

虫たちの一斉合唱に迎えられた、引っ越し荷物に囲まれての初めての朝。

庭先の木々も、草も石も空気さえも夜露を浴び、微風の中で虫たちのすだく声。やがて濡れた朝の光がキラキラ辺り一面に降り注ぎ、引っ越したばかりなのに、森の洗礼を受けたような、歓迎されているような、そんな厳かな気分の朝です。

老後は福岡でと家を探したものの、決めていた家が九州北部豪雨の被害地の近くで取り止めとなり、急な変更で、慌ただしい引っ越しです。

手を加えなければならない場所も多く見えます。でも、急いですることもないでしょう。片付けや手直しは自分たちの手ですると決めています。時間はたっぷりあります。ゆっくり荷物をほどきました。

家の次は外。周りの草を刈っていくと、少しずつ全様が現われてきました。行き止まりと思っていた家の前の坂道は平坦な桜並木の道となり、二百メートル先のヒノキの森へ続いています。森の入口の左手に神社の鳥居。その奥深くに神さまが鎮座しています。

鎮守の森のすぐ下を、谷を縁取るように小さな川が流れ、それに沿うように十数枚の棚田が広がっています。ときおり稲穂が一斉に風になびき、光の中で白く輝いています。

地形的に見ると、わが家は谷の一番奥の高台。すぐ前の空地の端には孟宗竹がカーテンのように立ち並んで防風林の役割を果しています。前の道を通る人はめったになく、日に二、三台の車が通過するだけ。坂道に沿って十メートルくらい続く石垣。その上がわが家の庭。登りきったところに玄関に続く道。

石垣に沿って柿、梅、ユズ、キウイ、松、マキ。その間にサルスベリやサザンカ、ツツジ。季節ごとに花を咲かせるように、巧みに計算された配置。これがカーテンとなって外部からわが家を隠しています。


ここで、どんな生活をするのだろう?

わたしは、ずっとずっと、普通の生活がしたかった。夫の死で断ち切られてしまった普通の生活。掃除、洗濯、食事。セーターを編んだり、縫物をしたり、本を読んだり、絵を描いたり、花を育てたり、散歩をしたり、梅干しを漬けたり……本当の普通の生活。そして思いっきり好きな映画を観よう。そう思っていました。

二十四時間すべてが、まるまる自分の時間。何十年ぶりでしょう。ワクワクします。身体の細胞がくすぐったく感じられ、その奥から喜びが湧きあがって、宇宙へ流れ出すような感覚。身体が光の中に溶け去る感覚。解放感。

この庭に立っているだけで、ここにただ在るだけで、愛と幸せに包まれました。すべてがあります。これ以上何がいるのでしょう。

「絶対的な幸せはあるのか？」との問いに「ある」と答えたことがあります。

そのときはもっと遠くの、もっと高い波動の領域のことを意識していたのですが、このように、この庭にも、ただ在るだけの絶対的幸せがあるとは思いもしませんでした。

廊下の床板を替え、キッチンは壁をタイルに張り替え、一枚板のカウンター。簡易トイレを水洗トイレに替え、庭にはウッドデッキ。仕上げは、これからここで仕事をスタートする次男の作業小屋づくり。幸い次男は器用なので、すべて自分で作りました。さらに十坪の菜園も近所の方のご厚意で始めることになり、その作業にもお世話になりました。

最初の一年はあっという間に過ぎました。

これまでやりたくてもできなかったことを、全部やってみました。ここは地上波テレビが入らない場所。これ幸いとファイヤーテレビを取り付け、念願の韓流の時代劇も堪能しました。

## わたし独りだけの演奏会

新しい楽しみを見つけました。森の散策です。

「向こう側の山でクマの目撃情報が入っているので、鈴とか、音がするものを身に着けていくことだよ」と近所の方にしっかり教わりながら、まず森の入口に当たる神社に向かって、「新参者です、よろしくお願いいいたします」と丁重にごあいさつをします。

それからヒノキの森へ。木々の間を縫うように小さな川が流れ、それに沿うように小道が曲がりながらずっと続きます。ところどころに不揃いな石の階段。それを登るように進みます。

森は、何の変哲もない、ただ苔むしただけの原生林のよう。あるのは細い一本の山道。小川の水面に覆いかぶさるような雑木林、倒木の下をくぐって流れる、変化に富んだ渓流。

最初は、どんな地形か、どこへ続いているのか、危ないところはないか、クマは出ないかなどが気になり一時間ほどで引き返していたのですが、二度三度と来るうちに、徐々に森にいる時間が長くなってきました。

朝の用事を済ませ、一段落するのが十時ごろ。

森の入口付近には、いつも渓流のＢＧＭが流れています。それを背に、神社に向かって参拝、「森に入れてください」とお願いして神さまからの許可をいただくと、なんとなく厳かな気持ちになってきます。

木漏れ日が降る黄色の小道に、ヒノキの木々が直線的な濃淡の影を落としています。

そこへ足を踏み入れると、すでに森の演奏会が始まっている。

わたしは、ただ歩く。

渓流が、川幅や深さの違いで変化に富んだメロディーを奏で、木の枝を飛び回る鳥たちはあちこちから美しいさえずりで、絶妙なタイミングで歓喜を歌いあげている。

風と空に向かって伸びる木々はゆらゆら踊りながら、ザーザーとさざ波のような音色をあたりに降り注ぐ。

川面に垂れる木や草も、水の中の石や岩さえ、しゅー、ちゅるちゅる、ぽこんぽこぽこと、合いの手を入れながら詩《うた》を唄っている。

ある朝、森で独りだけのコンサートを開きました。

森の演奏者に交じって、携帯電話から流れる世界的チェリスト、ヨーヨー・マの演奏や、ピアニスト辻井伸行のミックスリストをボリュームいっぱいにして聴く。あたりに人はいない。わたしだけの贅沢な時空間。

森全体がひとつのステージ。すべてが大きな流れのなか。

「いったい、この歌を、この詩を誰が聞いているのだろう」

「わたし」という存在はいつしか消え去り、森の中に溶けていった。

森はいつも瞑想のなかにいる。至福のなかで寛いでいる。

自然はすべて愛であり、光の中で安らいでいる。

森を出ると、演奏会は終わり。すべての音たちが引き上げると、わたしのなかに静寂だけが残される。この感覚は、いつまでも続くのです。

## 二つのヴィジョン

こんな日々が一年以上続いた頃、森へ行くととても意識的になり、不思議な感覚になるのに気がつきました。誰かに、何かに呼びかけられているような感覚が強くなるのです。なじみの切り株に座り、林立するヒノキの隙間の奥をボーッと眺めていると、

「ヴィジョンはどうする、ヴィジョンはどうする?」

という声が聞こえてきたのです。その声は日増しにはっきりしてきます。

このような呼びかけはこれまでも何度かありましたが、それらは直接的で、意味もすぐ分かりました。しかし、この呼びかけには首をかしげました。あの粒子体験の後、森の生

活になじむようになるまで、すっかり忘れていたのです。

確かにわたしはヴィジョンを持っていました。いえ、持たされていたのです、まるで粒子体験のお土産のように。

ひとつは「映画」

もうひとつは「意識が世界を変える」

それを思い出したのです。

それが何を意味するのか。わたしとどういう関係があるのか。わたしにどうしろというのか。あのときもあれこれ考えてみたのですが、何も答えが出ないまま、心の奥深くにそっとしまっていたのです。二十年も経った今になって姿を現わすなんて、どういうことでしょう。こんな年老いたおばあさんに、しかも、こんな山奥まで付きまとうとは、いったい何ごとでしょう。

家に帰ると、ニワトリたちが作業小屋の入口で、それぞれ思い思いの格好で座り込み、小屋から流れるラジオの音楽を聴いています。わたしは、このなかにただ在るだけで十分なのに、この上わたしに何をしろというのでしょう？

仕事が終わったら、山の中で普通の生活をしよう……とずっと思ってきました。

それが七十歳になってやっと実現。いま、花や野菜を育て、梅干しや干し柿をつくりながら普通の生活を楽しんでいるというのに、「ヴィジョンはどうする?」とわたしに呼びかけるものは誰?　何をしろというの?

ある春の昼下がり
孟宗竹は飛び散る雲をかきあつめ
谷川の流れはとおく風にまじり
花匂う土手をとおり抜け
窓辺の布をかすかに揺らす

七十年の必然は
固いひと粒の種子となり
エネルギー煌《きら》めくこの森に
今ふたたび生まれようとしている

つかの間のまどろみに浮かぶ

ボタン雪の降りしきる満月の夜
すべてのストーリーは遥か彼方に消え去り
そこにはもうわたしはいない
ただ眺め　観察している純粋な意識があるだけ

意識のエネルギーはすべてのものとリズムを合わせ
この森に解き放たれる

生まれたての老婆は
姿なき鳥の声のなかをトボトボ歩きだす
空はどこまでも青く深く静まり
昼下がりの時と溶けあう
（二〇一九年六月のメモより）

また歩き出すようにとのご指示。
この老体に何をさせたいのですか。何ひとつ指し示してくれるものもない真っ暗闇の中を、どう歩けというのでしょう。たいがいにしてほしい。こんな道は、もう歩きたくない。ぐずぐずしていると、タイミング良くというか悪くというか、何でも神さま仏さまにお任せするという、わたし生来の癖が出てきました。

本当の答えや真実は、悩み苦しみの後でたどり着けばいい――と思って生きてきたのです。わたしは「どうぞ神さま仏さま、あなたの御心のままにお使いください」と言うことにしています。分からないことをあれこれ考え、ああだこうだ、良い悪いと悩むのは心を曇らせます。苦悩の始まりです。身体も重くなります。心に汚れがついていると、真実に沿った判断ができず、自分の身体に正しい行動を促すこともできなくなるのです。

心は鏡なのですね。

過去や未来のことばかり映していると鏡は曇り、「今ここ」が映らなくなります。新しくなったわたしは、こんな循環にいるのが苦手になりました。

「ヴィジョンはどうする?」のささやきは、天上のどなたかの御心がわたしを使おうとしているのかもしれない?

そう思うと、心はそれを受け入れ、身体は指示どおりに働き、すぐにでも歩き出そうと早っています。何を、どうしたらいいかも分からないのに、いったいどの方角に向かって歩きだすつもり？　雲にでも乗って流れるままに、あてもなく彷徨《さまよ》い続けるつもり？

「映画」「意識が世界を変える」と呼びかけるヴィジョンは、目的地だけが記された地球の白地図のように見えました。キーワードもヒントもありません。チェックポイントも見えません。

でも確かに心のなかで、「探して、地図を埋めよ」と誰かに指示されたような気がします。このヴィジョン自体がわたしの単なる思い込みなのかもしれないのに……。

ヴィジョンっていったい何だろう。

あらためて考えていると、「ヴィジョンの六つの条件」という記事をFacebookで見つけました。そこには、「六つの条件を備えていればヴィジョンと言える」とありました。
○達成された姿を想像するだけで、内面が喜びに満たされるか。
○絶えず新しい動機を与え、成し遂げるために、休むことなく努力できるほどやり甲斐があり、価値あるものか。
○成就するため最大限のエネルギーを要すれば要するほど、それは現在の延長線上にあるものか。
○すべての意識を集中するくらい、魅力的なものか。
○周囲の人から支援、支持を受けるだけの、全体に有用なことか。

○達成されたかどうか、それが明確に判断できるほど、具体的か。
二十年間も心の奥深くで眠りつづけていたというのに、何が何なのか、その正体も不明なのに、わたしが抱いていた二つのヴィジョンは、「六つの条件を備えた立派なヴィジョン」と思えたのです。きっとわたしの知らない、見えない世界で、本当のわたしがヴィジョンを成し遂げようとしていたのかもしれません。

## 「世界が広がるよ」――Facebookを始めたわけ

里山暮らしのなかで友だちもでき、隣近所のお付き合いも生まれたものの、人とのつながりは極端に少ない。誰にも会わない日が続くこともあります。家から少し降りるとお隣さんの家ですが、わが家からの視界には一軒の家も入りません。田舎の生活のすべてを丁寧に教えてくれる友だちの家に行くと、帰りはいつも「車で送っていくよ」と言ってくれますが、独り歩きが好きなので、わたしはやんわりとお断りします。ここでの移動はみなさんほとんどが車。お年寄りのなかには電動シニアカーの方もいます。わたしはもっぱら、コンビニ店長の卒業祝いに娘から贈られた電動自転車です。

穏やかで、静かな場所で暮らしているわたし。

そんなわたしにとって、「映画」「意識が世界を変える」というヴィジョンはどう見ても不似合いです。ぐずっていると、娘から電話。

「ガラケー、そろそろスマホに替えたら」

「電話、嫌いだからねえ」

「そこでの暮らしには、スマホが必要よ。お母さん、世界が広がるよ」と娘。

「世界が広がる」――その言葉にハッとしました。

世界が広がる？　自分の考えを広げて、みんなに伝える？

スマホ？　Twitter?　Facebook?

もうずいぶん広まっているらしい。

インターネットでもっと広い世界と繋がる？　そんなこと、このわたしにできる？

……できるかもしれない。急に、目の前が大きく開かれたような気がしました。明かりが見えてきました。

わたしは電話が嫌いで、よほどの用事がない限り自分からかけることはなく、いつも机の上に放りっぱなし。でも今回は放りだすわけにはいかないようです。ヴィジョンをはっきり知りたい。そこにたどり着きたい。でも、その一歩が分からないと立ち尽くしていたのです。

そんなときに見つかった手掛かりです。

よし、Facebook デビューしよう。

マニュアルもろくに読まずに始めました。子どもがおもちゃをガチャガチャいじるように、わたしもスマホをいじくり回しました。何度も失敗を繰り返しながら、ひとつひとつ理解していったのです。

ひと月経って、「Facebook の友だちが限界の五千人になった」と伝えると、びっくりした娘や高校生の孫が飛んできて、インターネットや Facebook の怖さをいやというほど叩き込まれました。未熟さゆえ、アカウントの乗っ取り疑惑が発生したのです。結局「遠隔安心サポート」を受けることで一段落。

なぜわたしはヴィジョンにこだわるのだろう……?

「世界が広がる」のひと言で刺激されたのは事実。でも本当の答えは、あの神秘体験で「本当のわたし」「宇宙万物の本当の姿」を知ったから、です。

宇宙すべての生きとし生けるもの、地球、人間、生物、鉱物、菌類、藻類、微生物などすべては同じひとつの粒子から成り立っていると知ったから。のみならず、わたしはただの粒子ではなく、神の性質と同じ愛の粒子と知ったから、です。

あの秘密を知ったとき、わたしは大変な宝石を手に入れたと感じました。この宝石はキラキラ輝きません。お金にもなりません。そもそも目に見えないのです。

でもサン・テグジュペリの「星の王子さま」はこう言いました。

「かんじんなことは目にみえないんだよ。心で見なくちゃものごとはよく見えないってことさ」

あのときわたしは「すごい秘密を知った、宝物を独り占めにした」と心中小躍りしていたのです。ところが二十年たって、「ヴィジョンはどうする？」「独り占めでいいのか？」と問い詰められたのです、何度も何度も。

ヴィジョンの五つめの条件にこうありました。

「周囲の人から支援、支持を受けるだけの、全体にとって有用なことか」

もちろん有用です。本当の自分を知ることは、とても大事なことです。そんな大事なことを忘れていたのです。これはクリアしなければなりません。ここを越えないと先に進めないようです。

七十歳を過ぎた今、それがどんなに大胆で、どれほど勇気のいる行動か、それを思うと尻込みして逃げだしたくなりました。

でも……冷静に考えてみました。

そんなことを言っている場合ではないようです。

森が、海が、地球のすべてが悲鳴を上げています。

もちろん人間も悲鳴を上げています。

人間には、想いも、感情も、欲も、希望も、未来もいっぱい詰まっています。その人間は宇宙の一部。

いえ、人間自体が小宇宙です。自分の身体のなかを空っぽにしてそこが宇宙だと想像してみると、星が見え、太陽も見え、月も見えます。青く輝く地球が美しい姿で浮いています。

その人間たちのなかで、今、何が起こっているのでしょう。

地球温暖化、森林破壊、海洋汚染、テロ、紛争、コロナ、人権侵害、人身売買、難民問題、貧富の格差、食糧危機。そして病気に蝕まれながら、かろうじて生きている人がたくさんいます。でも……限界です。

集中豪雨、干ばつ、熱波、大規模な森林火災、人種差別、難民たちの劣悪な環境。

世界中から飛び込んでくるニュースは、この星が傷んでいる厳然たる事実を伝えています。このままでは、人も動物も植物も生きものすべてが死んでしまいます。

七十九億人のいのち、生きものすべてのいのちを育んでくれている地球。その地球が壊れてしまいます。わたしが、あなたが壊れてしまうのです。それを思うと心がとても痛みます。心が泣いています。

二〇一五年、百九十三の国連加盟国が史上初めて満場一致で賛成した「持続可能な開発目標」SDGs（Sustainable Development Goals）。二〇三〇年までに世界を変えるために取り組むべき国際目標が掲げられました。

地球を癒やし「持続可能な社会」に変えていくこと、それがわたしたち一人ひとりに課せられた課題ですと。つまり、わたしたち一人ひとりが地球の細胞ですよと。

村上和雄先生は『スイッチ・オンの生き方』（致知出版社）で、

「わたしたちの前頭葉には『ミラーニューロン』という神経回路があり、他人の行為を鏡のように脳内に映し出し、『他人の心を読みとる』機能を支えている」

「ミラーニューロンが、人の喜びを自分の喜びと感じるとき、よい遺伝子がオンになっているようだ」

と語っています。

同じ文章の近くにあった心理学者ダニエル・ゴールドマンの「感情は風邪のように伝染

する」という言葉にもわたしはハッとしました。

だとしたら、悪い疫病に怯えてばかりではなく、笑顔で、人の喜びをわが喜びにして、全世界へ向かって、愛と平和を伝えていきたい、と思ったのです。

あのとき体験した「わたしはあなた」「あなたはわたし」

その感覚、その意味は、あなたの心が震えるとき、強いエネルギーが生まれ、波紋となってどこまでも広がる。そこに「わたし」と「あなた」の区別はない。みんな同じ源から流れ出す波動、みんな同じ粒子だと思ったのです。

このことをもっと世界に伝えたい。自分の想いをちゃんと伝えなくてはいけないと思ったのです。そのために、こうしてわたしは、Facebook という、わたしの意識を運んでくれる「乗り物」を使おうと考えたのです。

## シンクロニシティの海

二〇二〇年夏、初めて Facebook に投稿。

「よく知らない」ことは、ときに武器になるのですね。わたしは無知を承知で、図々しくも、自分の意識を運んでくれる「乗り物」を利用したのです。

どこで出会えるかも分からない、「映画」と「意識が世界を変える」というヴィジョン。

意識の乗り物に乗ってそれを探そう。思うままに、感じるままに、乗っては降り、降りては乗って、自由に探してみようと考えたのです。無知は強さですね。

Facebookの世界は、人間の意識の表層が漂う、混沌とした様相に見えました。ちょっとした興味で気易く近づくと一瞬のうちに、これまで見たことのない世界が現われます。何にフォーカスするかによって、見える世界がまったく違ってくるのです。現実の世界でも同じですが、何に意識を向けるかで、目の前に広がる景色が変わっていきます。何を感じ、何を思い、どんな言葉を発するか。発したわたしの言葉のエネルギーは宇宙にあるエネルギーと、あるものは共振共鳴し、あるものは反発します。

その混沌のなかで想いが創造され、具現化されていくようです。これがわたしの現実、こっちがあなたの現実、あっちが皆さんの現実――というように、それぞれの現実が生まれるのでしょう。

世界は、すべてのものの意識と意志、宇宙の意識と意志が創造するエネルギーの波であり、粒子であるように見えます。わたしたちは、その浮き上がった表面の部分を現実として見ているにすぎないのではないか。

世界には、絶対的な、固定的世界なんて本当はなく、もっと宇宙的で、流動的なエネルギーが流れているのではないか。わたしたちの意識、わたしたちの想いで、どうにでも変わる世界なのではないか。

「意識が世界を変える」……わたしはそのような想いで「意識の乗り物」に乗って、Facebookの海に漕ぎだしました。

静寂のなかで目を閉じ心を空にすると、「本当のわたし」のエネルギーと溶け合う世界が見えてきます。心に雑念を抱えているときは、そのままの世界が現われます。雑念だらけと気づいたら、乗り換えます。

はじめは乗り換えを繰り返しながら進みましたが、そのうち、自動運転で進んでいるのが分かってきました。自動運転になると、乗り物は「わたしの目的地」を知っているかのような世界に連れて行ってくれます。

こうして、わたしは、自分の想いをFacebookに書きはじめました。静かな森で、ただ普通の生活をしようとしていたときに受けとった「宇宙の呼びかけ」。それに応じた自分の想いを書きたいと思って。

ところが、それが言葉になる前に、これ以上ないというほど完璧な言葉が先回りして飛び込んできました。Facebookにアップされた、京都の宇宙音楽家、福井幹さんの言葉。

ドラマもストーリーも
遥か彼方に過ぎ去り
そこに
誰がいるのだろうか
すべては完ぺきな自動運転で
運ばれていく
ただ眺め　観察している存在があるだけ
聖なる意識が在るだけ

「ただ眺め、観察している存在があるだけ」という文章に「あっ」と驚きました。なんということでしょう。この感覚は、わたしがあの神秘体験のなかで感じ取った大事なそれです。あのとき自分が受け取った感覚とほとんど同じ。わたしは、自分が経験した内容を福井さんのように書きたかったのです。

感じた素材を使って
意識のエネルギーが

現実世界を
映画のように創造する

これも福井幹さんの文章です。

わたしが書きたかった内容とまさに一致。

不思議に思って調べてみると、こういう現象を、「共時性」（シンクロニシティ）＝「意味のある偶然の一致」と呼ぶそうです（カール・G・ユング）。ユング先生は、「共時性は宇宙の非因果関係の原理であり、人類の意識を大きく成長させるために働いている法則である」と言っています。

## パステルカラー

驚きながら、粒子おばさんはこうしてまた歩き始めました。

不思議な偶然の一致に出会うとき、わたしはそこに神の存在を感じます。

神がわたしの背後から、聖なる力を注いでくれるのが感じられるからです。ですから共時性に気づくことは、霊的な気づき、神に触れる体験だと感じます。そこに、深い感動を覚えるからです。

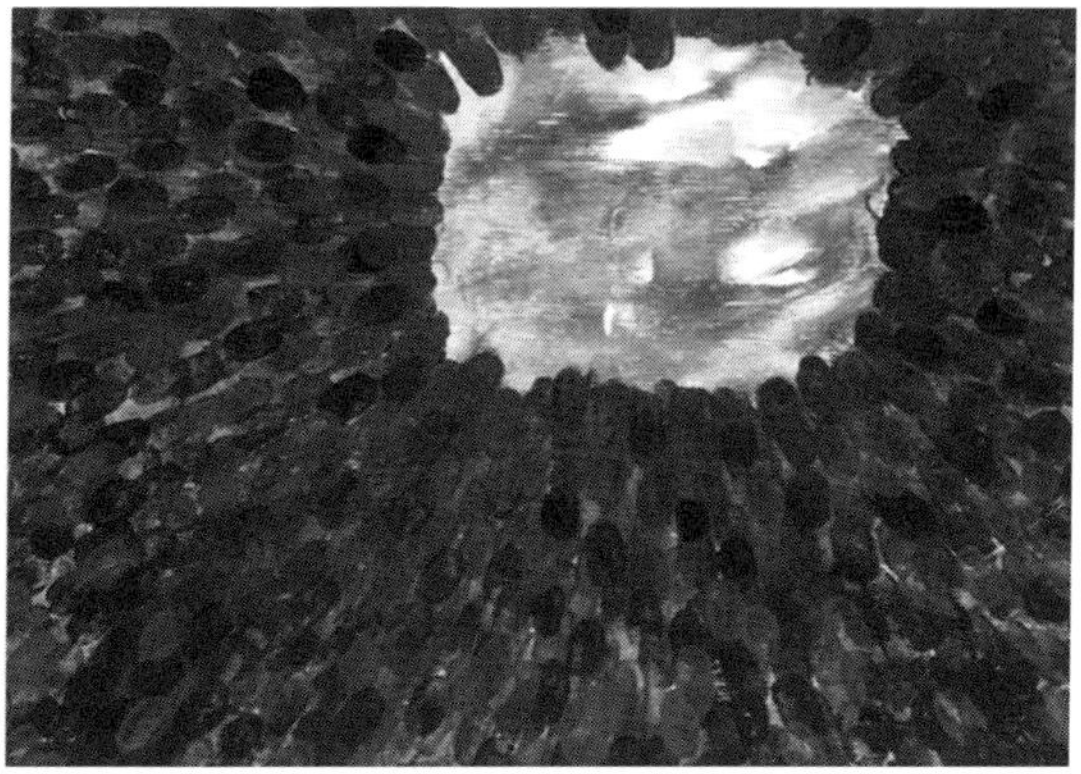

『ウィルソン株』（高橋敦さん）

こんな具合に交流していると、頻繁にシンクロニシティが起こるのに気がつきました。ある出雲の友だちから「こういう本があるの。あなたにお勧め。ぜひ読んでみて」とFacebookにコメントをいただきました。その文字が浮き上がって見えたのです。

早速インターネットで注文して読んでみました。『アカシックレコードと龍』（ジュネ著　風雲舎）。この本がきっかけで編集部の方とお話しすることになり、わたしは今この本を書いています。粒子おばさんの目で見ると、これもシンクロニシティ。

そんなある日、Facebookのあるグループのタイムラインに流れていた、一枚の絵から目が離せなくなりました。全体は暗いトーンなのに、中央に、周りとそぐわないパステルカラーの、何か分からないものが「ただ浮いている」だけの絵。

わたしの目を引いたのはパステルカラーのその色。背景は白。そこに奥深く埋まった紫の一点から、青、赤、ピンク、水色が滲んで溶け出ている……そんな絵。

なぜ気になったかというと、粒子体験後、しばらく粒子になって浮いていた状況が、ピンクや水色の粒が少し混じった、昔の白い粉せっけんのようなイメージで残っていて、あのときの状況とこの絵が重なったからです。

この絵を描いたのは、宇宙の真理やワンネスの旅の景色を指で紡ぎ出す、フィンガーアーティストの高橋敦さん。

絵には、「ウィルソン株」という文章が添えられていました（ここでは白黒で印刷していますが、ぜひカラーでご覧ください。高橋さんのウェブサイト　https://www.atsushi-takahashi.online/）。

ウィルソン株

ウィルソン株は「こっちへおいで」とボクを呼んでいた。

（中略）

とても不思議な感覚に包まれる。
そこには温かい優しさがあり、
心が落ち着く懐かしさがあり、
大きな愛で包まれる。
そんな感覚があり、しばらくその感覚に
浸っていた。

過去の出来事が薄れていき、
光に満ちたエネルギーがボクの中に流れ込む。
生まれ変わるように新たな風が吹き込んだ。
心の奥で魂が喜ぶ。
心の奥から感謝が拡がる。
そして夜が明け始めた。

ボクの魂は覚醒に向かって震えている。

ボクの魂の声を絵画にまとめる。

敦さんの『はじまりのいろ』という絵本にも感動しました。創造力の素晴らしさ。誰もが創造力を使って何にでもなれる。幸せになれる。多くの人とその想いを共有したい——愛がいっぱい。

感じる心、創造する力——人を幸せな世界へ運ぶ車の両輪。人間、誰にも平等に与えられたこの素晴らしい力を使って　わたしたちは自由に、自分の人生を、平和な世界を描くことができるのですから。これはもう教育書ですね。

わたしは自分の体験を独り占めにしたくないと思っていました。日々、暗いニュースばかりが伝わってきますが、そのとき「わたしはあなた」を知っていれば、どんな問題も防げるのではないか。

「いじめ」「虐待」「貧困」「ストリートチルドレン」など子どもたちに関する問題。これからお父さんお母さんになり、次の世代を創っていく人が、わたしがほんの一瞬垣間見たような「宇宙の仕組み」や「宇宙の意志」について知るようになれば、世界はこれまでと大きく変わり、そこから人が幸せになるのではないかと考えていたからです。

もうひとつ。

敦さんから「読み聞かせ動画を作りました」とあったので、『光の世界』という動画を開いてまた驚きました。その音声は敦さんに違いないと思いながら、後ろに流れる曲に聞き覚えがあったのです。

この曲は、わたしのただひとつの動画『満月とボタン雪』のバックに流れる曲でした。十年ほど前、次男が作ってくれた動画です。きっと多くのサンプル曲の中からこの曲を選んだのでしょう。こんなところにもシンクロニシティが起こるなんて……嬉しかったのです。

「皆で幸せになろうよ。
戦争のない平和な地球で、
感謝しながら、笑顔で生きようよ」

こんな言葉に出会うと、一瞬、わたしの目的地が蜃気楼の中にはっきり見えたような気がしました。

師匠の舞子さんが以前届けてくれた日本トランスパーソナル学会のポスター。その絵も、白とピンク、水色を水に流したような絵だったのを思い出しました。

なぜかわたしは、パステルカラーの絵やポスターに自分の体験と共通するものがあるように感じてしまうのです。敦さんの絵のようなふんわりした塊だったり、わたしが経験した粒であったり、学会のポスターは波のようにも見えました。

粒子体験したときの背景、あの色。もう二十五年以上も前のことなのでイメージしか残っていませんが、一瞬ドキッとしたのです。

あの体験後、またあの場へ戻りたいと思ったのですが、再び粒子になることはありませんでした。そのときあったイメージ——青暗く澄んだ空間がそのまま無限の光の粒子であり、密度が濃かったり、少し薄かったり、塊のようにも、波のようにも、サラサラしているようにも見えました。すべてであり、わたしである意識の粒子は、浮遊しながらあまねく広がっている……。

## ヴィジョンに出会う

二〇二〇年九月のある日の午後。

この時間にテレビを見ることはめったにないのですが、何かに引き寄せられるようにテレビのスイッチを押すと、「映画で未来を変えようよ」と言う、映画監督・大林宣彦氏の追悼番組が放映されています。

監督のつぶやきが、心に響いてきました。

「すべてがいのちに見えてきた。人も草も虫も空も海も、すべていのちの仲間です」

「映画で過去の歴史を変えることはできない。しかし、やがて来るはずの戦争を押しとどめ、戦争のない平和な時代をつくることはできる。映画には、世界中の、人類一人ひとりの意識を目覚めさせる役目がある」

「政治や経済だけでは果たせない、人類の夢を紡ぐのが映画の使命である」

　メモを取りながら、心が震えました。

　そのつぶやきのひとつひとつに「うん、うん」と合点しながら、やっと、「映画」というヴィジョンが姿を現わした、ようやくお目にかかった、あのヴィジョンとはこれだ――と思ったのです。

　待ちに待った出会い。どうしても大林監督のエネルギーに触れなければなりません。

　ご迷惑かもしれないと思いながら、届くかどうかも分からない紙飛行機の手紙を監督さんのご家族宛てに飛ばしました。この世界が少し分かってきて、必要な呼びかけをすれば、自動運転でそこへ連れて行ってくれるのですが、ここでピタリと止まってしまっていたのです。

「意識の乗りもの」が動かない。わたしの心も身体も止まって、まったく動かない。こんなときは、ゆったり、静かに、ただ待つよりほかありません。でも、この感覚は、どこかで味わったことがある。すぐに思い当たりました。

「そうだった。粒子体験の直前、半年くらいずっと同じ場所で、何かを待っていた」あの感覚と似ています。先に進めず、意識の最奥で何かを待っていたとき、あれと同じような感覚。それを思い出すと、この道はここで行き止まりなのではなく、先へ進むまでの一過程なはず。目的地に続いている道だと確信できたのです。


三か月ほど何もしないで、何かが動き出すのを待っていたある日、Facebook の広告が目に留まりました。

「量子力学のコーチング講座」

量子進化プログラムの受講生募集です。

「思考は現実化する」

「宇宙は陰と陽で成り立っている」

「陰陽学と量子力学の密接な因果関係とは」

など、宇宙法則や量子力学的観点からの自己啓発を、六か月かけて学ぶという講座の募集広告でした。

わたしは、「目に見えない世界が見える世界にどのように影響を及ぼしているのか、意識を粒子と捉えられるのかどうか。それを科学的に理解したい」という想いが強く心を占めていて、それを知りたかったのです。

もちろんそれ以上に、あの「粒子体験」をただの神秘体験で終わらせたくないという想いが強くあったからです。

自己啓発自体にあまり興味はないのですが、解明されていない疑問への思いが膨らんで、やり残したことを見つけた……そんな感覚です。おまけにわたしの身の周りはピタっと止まって、何もかも動かなくなった状況。動こうとするのは、「ちゃんと科学的に知りたい」という想いだけ。

よし、受講すると決めて詳細を調べてみましたが、すぐ断念。受講料に手が出ません。先月は沖縄の長男のところへ行ったばかり。もうすぐ孫三人が大学、高校、中学と進学する予定で、使えるお金はどこにもありません。

――翌日の夜明け前、四時過ぎごろ。宇宙からの呼びかけがくる時間。

「あきらめていいのか。長年の思いではないか？」「お金は、あれがあるではないか」

……そんな意味の言葉がジワーッと降りてきました。

ときどき次男の仕事を手伝うようになり、お小遣いとして二万円ほどもらえるようになったばかり。あれとは、このお金のこと？　そのお金を充てればいい？　もうこれは受講するしかありません。

でもこれって何？　お見通しのように呼びかけるのは誰？　神さま？　それとも宇宙意識と繋がった本当のわたし？

でも、いい、もうどうでもいい。

すべてひとつのエネルギーの流れのなかで繋がっている——と知ったのですから。止まっていた自動運転がようやく動き始め、どんどん進んでいったのです。

コーチング講座は、まず量子力学の初歩から。

さわりの部分が少しずつ分かってきました。

「すべては振動であり、その影響である。現実には何の物質も存在しない。すべてのもの、それぞれのものは、振動から構成されている」（マックス・プランク）

「マクロ的な大宇宙から超ミクロの素粒子の世界まで、あらゆるところに振動（波動）は存在して共鳴している」（パウル・シュミット）

量子力学の「潜在意識の書き換え」に、こうあります。

「人は95パーセント潜在意識に頼って行動している。意識エネルギーが現実を創造する。その潜在意識の書き換えにはイメージ、思い込みが重要。

リアルに理想の自分の姿をイメージし、それになりきって行動することが大事である。

求めていることを具体的に言葉にして書き出し、レストランのオーダーのように、言語化する。

最後にダイナミックに行動すること。イメージ、言葉、行動、この三つのベクトルを合わせることで、同じ波動、同じ周波数で、波長が合い、共鳴し、強いエネルギーが引き寄せ合う」（量子力学コーチ・高橋宏和さん）

講座が続いていたある日の早朝、たしか二〇二一年二月十日。

「第七回　すべてはきっとうまくいく
見返りを求めないボランティアが地球を救う！

微生物の力とは？」

白鳥哲さんという映画監督のトークライブのお知らせが飛び込んできました。

Facebook の友だちがシェアしてくれたのです。動かなくなっていたわたしの心が震えるのを感じます。すぐ YouTube を開くと、

「は〜い、皆さまこんばんは。お元気でお過ごしでしょうか。二月七日になりました」と子どものような笑顔で手を振っている男性が現われました。つられてわたしも子どもになって、笑顔で大きく両手を振っていました。まったく知らなかった白鳥哲さん。初めて会った瞬間です。この瞬間「ああ、もう歩かなくていい。もう、どこにも行かなくていい」と直感。

「映画」というあのヴィジョン。

もう二十年以上もずっと、わたしがたどりつくのを待っていてくれたのでしょうか。

そう思うと、やはり、何か大きな意志に導かれているのを感じました。

それから二、三か月後、なんと「意識が世界を変える」という、もうひとつのあのヴィジョンにたどり着いたのです。

Facebook に載っていたパステル画の優しい色に惹かれ、その方のタイムラインを訪れると、さざ波のような日常が記されていました。そこに、

「なぜかふと『あるヨギの自叙伝』をもう一度読んでみようかと思った」

とあったのです。

二十年くらい前、粒子体験を理解しようとする過程で、わたしもこの本を読んだ記憶が

あります。「まあ、懐かしい」と思って探すと、すぐ本棚に見つけました。

が、わたしが手に取ったのは、その隣の本。師匠の舞子さんから預かった、五巻からなる布張りの立派な本。なにこれ？

『ヒマラヤ聖者の生活探究　自由自在への道』（ベアード・T・スポールディング著　中里誠吉訳　霞ケ関書房）。

二十年間開かれたことはありません。でも、なぜか、ピンと響きます。

なぜか分かりませんが、この本の中に「意識が世界を変える」の根っこがあると直感的に思ったのです。

「映画」と同じように、この本は本棚でわたしの来るのをひっそりと待っていてくれたのです。すぐそばに、答えはあったのです。それが確信に変わったのは、読み始めてだいぶ経ってからのことでした。

（第9章）

# クロスする二つのヴィジョン

## たどり着いたのは、白鳥哲監督

ようやく着きました。「映画」のヴィジョンがたどり着いた先は、映画監督の白鳥哲さん。

でも、本当？　この直感が間違っていないか、ただの思い込みでないか、それを確かめなければなりません。白鳥さんってどんな方？

早速Facebookで情報を探しました。

白鳥哲。映画監督、俳優、声優。

2005年より地球環境へのアプローチを人類の在り方から問う劇場公開映画9作品を発表。地球蘇生プロジェクトのヴィジョンに則った短編映画23作品を配信中。

製作した映画のタイトルを見ると次のようにあります。

○『リーディング』　催眠状態で対象者の肉体を透視し、病気の原因やその治療法を的確にリーディングしたエドガー・ケイシーの姿を描く。

○『ストーンエイジ』　元ひきこもりの青年が、さまざまな困難や不思議な体験を通して成長していく姿を描いたドラマ。世界で初めて波動医学を扱った映画。

○『祈り』　筑波大学名誉教授・村上和雄博士の証言を中心に、祈りが遺伝子にどんな影響を与えるかについて追う。真心、感謝、愛を選択すれば健康になる。
○『不食の時代』　甲田光雄医師の断食療法を通して難病を克服した人々を題材にしたドキュメンタリー。祈りが重要な時代がくる。
○『蘇生』　原発、熱帯雨林の破壊と肉食。プラスチックと海洋汚染問題を描いたドキュメンタリー。社会の在り方を問う。
○『蘇生Ⅱ』　前作に続き、環境破壊について追う。福島第一原発事故で汚染された土を、ボランティアによる有用微生物群の散布によって無害化する活動について紹介。

「わあ……すごい！」とわたし歓声を上げました。これらすべては、白鳥さんご自身の意識の進化そのものを表現した作品のように思えました。こんなことをいうと生意気ですが、どのテーマも、わたしが旅のなかで踏み込み、彷徨っていたときに感じた問題を取り上げているようです。

白鳥さんは「すべての映画は、地球蘇生プロジェクトのヴィジョンに即して作られている」と言っています。

地球蘇生プロジェクトのヴィジョンとは、すべてのいのちが尊重され、地球全体が蘇生されていくことを目指して、経済、医療、教育、税・社会保障、防衛・外交をテーマとして映画化しているそうです。中心にあるのは、「この地球上の生きとし生けるものが共栄共存できる世の中になってほしい」という希望。

持続可能な地球にするにはどうすればいいのか？

そういう社会の在り方とはどういうものか？

そういう生き方とはどういうものか？

医療の在り方はどういうものか？

エネルギーの在り方はどういうものか？

——それぞれのテーマに従って製作されているようです。

（ここだった、間違いなくここだ！）心が震えました。

今、わたしたちは、新しい文明を創れるかどうか、一人ひとりが問われています。

これまでの、自分だけ良ければ、自分の周りだけ良ければ……という価値観では行き詰まってしまった。もうその物差しではやっていけない。

コロナ禍の今こそ、文明転換のチャンス。意識変換のチャンス。

白鳥監督の意識の一滴一滴は波紋となって世界中に広がっている。それも初めて知りました。映画はアフリカやインドでも上映されているそうです。

おこがましくも、わたしの意識は白鳥監督の意識と深く共鳴して、心が震えています。わたしはやっと白鳥さんの足元にたどり着いたという感覚です。白鳥さんは、紛れもなく、「新しい人」でした。

## 『ヒマラヤ聖者の生活探究』

もう一方の、「意識が世界を変える」がたどり着いた『ヒマラヤ聖者の生活探究』は、どうなっているのでしょう。

わたしのなかには、ずっと前から二つの「時の流れ」がありました。ひとつは日常の暮らしの流れ。もうひとつは真夜中の瞑想的な流れ。この二つの流れは三十年近く続いています。都会の生活で瞑想的世界を続けるには、たゆまぬ努力が必要でした。

しかし、森の自然に抱かれた生活は、暮らしすべてが瞑想のなか。日常生活と瞑想的生活に分ける必要などないので、日常の流れと瞑想的な流れがひとつになっていいはずなのに、そうはなりませんでした。

日常の流れは、よく食べ、よく働き、よく遊び、何食わぬ顔をして流れていきます。もう一方の流れは、『ヒマラヤ聖者の生活探究』を乗せて、広い流れにさしかかったところで留まり、停泊するボートのように渦に乗ってぐるぐる回っているようです。

この本にたどり着いてからは、来る日も来る日も、決まった時間に、決まった場所で、この本に向かいました。はじめは軽い気持ちで読んでいましたが、だんだん引き込まれ、軽く読むことができなくなりました。

この本は百年以上も前に書かれたものです。

一八九四年。アメリカの極東調査団の一員だった著者が、極東滞在中の三年半の間に、ヒマラヤの大師たちの生活に親しく入り、その偉大なる法則の働きを実証するのを目にして、その経験と教えを記したものです。原題は「極東における大師たちの生活と教え」二巻三巻と読み進めると、普段わたしたちが奇跡と呼ぶような出来事が次から次へと紹介されています。

以前のわたしなら「こんなことはあり得ない。嘘だろう」と本をバタンと閉じたかもしれません。しかし奇跡のような出来事のことは、あの粒子体験でもう知っています。

自分の今いる次元の法則、現象、知識をそのまま当てはめたのではあり得ない話になるでしょうが、常識を超えた法則や超感覚で成り立つ高次元の世界では、ごく当然の出来事に違いありません。

わたしたちは、氷山の一角しか見ていないとよく言われます。なるほどそのとおりですね、自分が経験したことを考えると、ある一面しか見ていなかったとよく分かります。山の麓から見る景色と頂上付近で見る景色は当然違っているはず。それを否定しては、真実を取り逃がしてしまうかもしれません。

この本の著者は、人は受け身になればなるほど、受け取るものもまた多いと言っています。謙虚であれということでしょうか。

「すべては一なり」

これが繰り返し語られます。

――肉体の一細胞の中にある小さな心の働きは勿論、すべての大天才たちの智慧も亦完全に相調和して、わたしたちと共に働くことが直ちに会得されるのである。これこそ英智みてる一大宇宙心であり、わたしたちは確実にそれぞれに繋っている。わたしたちは実に宇宙そのものであり、宇宙の自意識なのである――

――個人、世界、惑星、星辰、原子、電子、或は又最微な粒子の如何を問わず、すべての状態、すべての形あるもの、すべての存在を合わしたものが、唯一無限の宇宙原理、即ち神である――

──すべての愛を合計したものが大原理、即ち神である。神はすべての情愛、すべての湧き立つ思い、すべての愛に満ちた情《おもい》、目差《まなざし》、言葉、行ないの総計である──（二巻第四章）

そして、この本でもうひとつ繰り返されているのは次の言葉。

「すべては一なり」が表現を変えて、繰り返し響いてきます。

──わたしも神である。あなたも神である。形あるものすべてが神である──

わたしはこのことをあの粒子体験で知ったのですが、そう公言するにはあまりに畏れ多く、ただ「神の質があった」と言うしかできなかったのです。

## 二つのヴィジョンがクロスした『バガヴァッド・ギーター』

こうしてわたしは二つのヴィジョン、「映画」と「意識が世界を変える」にたどり着きました。そこにあったのは、わたしの直感だけ。

でも、ここにきて大きな問題に突き当たりました。

（この二つは何を意味するの？　どんな繋がりがあるの？）という疑問です。

「新しい人」である白鳥さんと、百年前の本。

共通するものが見当たらないのです。

わたしは何をどうしていいか分からず、毎日毎日その本を読んでノートにまとめるというその繰り返し。部屋の真ん中にあるテーブルにはいつも五巻の本とノート、そしてスマホがあります。

たしか二〇二一年八月二十七日だったと思います。

この夜は珍しく十一時ごろまで『ヒマラヤ聖者の生活探究』に向かい、気になった文章をノートに書き写していました。疲れてボーッとした頭にひんやりした森の風が届き、ふと顔を上げ、大きな伸びをして、なぜか、長い間休んでいたFacebookを開きました。

すると、「皆さーん、こんばんは。お元気でしょうか。三週間ぶりのトークライブです」と子どものような笑顔の白鳥さんが現われました。

白鳥さんの次の言葉にドキッとしたのです。

「この地上の最高の書と呼ばれる『バガヴァッド・ギーター』という本があります。これを精読したものを森井啓二先生が出版されました（『精解　神の詩』森井啓二著　きれい・ねっと）。

これはね、本当に深い本で、一行読んで瞑想状態になるのですね。わたし自身、その言葉の意味を深く読みながら、中身をひとつずつ調べていく。すると、魂に栄養を与えるような本でした。一生読みたい本でした」

と、『バガヴァッド・ギーター』の紹介をしているのです。

驚いてノートを見ました。わたしはたった今、「バガヴァッド・ギーター」とメモしたばかり。

『バガヴァッド・ギーター』は、わたしが書き写していた『ヒマラヤ聖者の生活探究』の中で、各個人の進歩の手引として、大師がたが勧めていた本の一冊でした。本当の精神的な仕事や精神集注をしたいと思う人々に推薦しておられます。

これらの本の読み方は、一度に数節あてが一番よく、一度に全巻を通読してしまう読み方は勧めておられません。一文だけ読むのに丸一日かかることもよくあるそうです。

背中を光が走ったような感覚。鳥肌が立ちました。

「映画」と「意識が世界を変える」のヴィジョンにたどり着いてから、この二つにどんな意味があるのか、どんな繋がりがあるのか、謎が解けるのを待っていたのです。

それがいま、同じ時刻に、両方から「バガヴァッド・ギーター」という言葉が届けられたのです。二つのヴィジョンがクロスした！

「意識が世界を変える」を探し、読み始めた『ヒマラヤ聖者の生活探究』。その中の言葉と、「映画」の白鳥さんが、同じタイミングで、同じ本『バガヴァッド・ギーター』をわたしに勧めているのです。

世界中には何百万冊という本が出版されているでしょうに、その中の一冊、しかも、聖典だったとは。震えがとまらない。まさか、こんな形で繋がるなんて。

二つのヴィジョンも、バガヴァッド・ギーターという言葉も、そしてわたしの粒子体験も、見えない糸で繋がれ、ここに共振しながら溢れ出ている。ああ、間違いなくここだった。この道で間違いなかった！

いったい『バガヴァッド・ギーター』とは何か。わたしはインドの聖典というくらいしか知りません。さっそく白鳥監督が紹介していた森井啓二先生の〈神の詩〉三巻を取り寄せ、読んでみました。

――『バガヴァッド・ギーター』は、地球上のすべての聖典を凝縮した人類の至宝の書といわれているそうです。「バガヴァーン」は（知識のある聖者、神）、「ギーター」は詩。つまり「神の詩」という意味だという。

バラタ王族同士の戦いをテーマにした古代インドの長大な叙事詩『マハーバーラタ』（全十六巻）の第六巻目を抜粋したもので、七百の詩で真理が綴られた物語――とあります。

この聖典に何が記されて、なにゆえ至宝の書と呼ばれるのか。その所以が知りたくなります。

一巻から三巻の本の帯を読んだだけで伝わってきました。

「ここに、神との合一に向かう霊性進化の旅が始まる！」

「魂を覚醒に導く人類史上最高の真理の書がここに開かれる」

「想像を超える長い輪廻転生の中で、私たちが学ぶべき叡智とは？」

わたしたちが、地上に生まれてきた本当の目的「霊性を高め、神との合一を果たすまで」に必要な実践的な叡智が、「戦いの物語」の中にすべて記されている、という。

つまり、わたしたちが地上に生まれた意味、地上での活動の指針を明確に記した書、のようです。森井啓二さんの言葉に、こうあります。

「今生でこの聖典に出合うということは、間違いなく真我による祝福であり、恩恵だと確信します」（『神の詩1』）

といっても、『バガヴァッド・ギーター』のひとつひとつの内容は、わたしにとって、繰り返し繰り返し、何度も読み込まなければ理解できないようです。でも、なぜこのような難解な本がわたしの手元に届いたのか。今になって、ほんの少しだけ分かることがあります。

振り返ってみると、わたしのたどった道は「答えのある方程式」を解くようなものでした。一連の体験は、宇宙からのプレゼントだったのです。わたしが何かをしたのではなく、「宇宙の真理」をただ受け取っただけだったのです。

その後のコンビニ経営でも、プレゼントされたその答えを公式のように使って生きていました。それでいいはずなのに、森の生活が始まり、森の中を散策する時間が増えた頃、「ヴィジョンはどうする？」「宝物を独り占めでいいのか」

と呼びかける何かを感じたのです。すっかり忘れていたのですが、心の奥深くに、大事にしまっていたものを思い出したのです。

この呼びかけにわたしは、「答えが分かっても、解き方が分からなければ意味がない」と言われているような気がしたので、困難な道を再び歩き出したのでした。

そうして今、やっと解けたと思える場所にいます。

それは、これからの残り少ない人生で、大いなる存在から授かった「粒子体験」と、自分で探しあてた『バガヴァッド・ギーター』の「魂を覚醒に導く真理」が一致するかどうか、その答え合わせをすること。

森井啓二さんの『神の詩』第三巻にこんな一節があります。

——クリシュナは、アルジュナに悟りに至る二つの霊的な道を示しました。知性を好む人には「智慧の道（サーンキャ・ヨーガ、ジュニャーナ・ヨーガ）」があり、実践を好む人には「行動の道（カルマ・ヨーガ）」があります。

「智慧の道」は、すべての社会的な義務と権利を放棄し、出家者としてカルマを必要最小限にとどめた生活の中で智慧を探求していく道です。（中略）「行動の道」は、社会の中に在って、義務と権利を正しく行いながら、善行のカルマを積んでいくこと。この二つは、お互いに相補的な道となります。「バガヴァッド・ギーター」が説かれた当時としては、この二つの道が主流となっていました。

この二つの道を、身をもって融合して示したのが、数多くの奇跡を行い多くの高名な聖者を輩出させたラヒリ・マサハヤ大師です。

この偉大な師は、普通の人と同じように社会の中で仕事をして生計を立てながら、家庭内でヨーガを行ずるという、智慧の道と行動の道を融合した万人向けの新しい道を確立しました。この道は、世界中の真理探究者たちに大きな可能性と新しい道標をもたらしました。――

わたしがここで思い出したのは、秋神の林久義先生を訪ねた日のことです。

すべてを投げ出して修行をしたいという思いに駆られていたわたしに、先生は、

「何もすることはない。今の仕事のなかに体験を生かしなさい」

と道を示してくださいました。

わたしはその教えどおり、その後の十七、八年をコンビニで生計を立てながら、仕事以外の時間を自分の内側に向け、瞑想を深めていったのです。そうしていつからか、わたしのなかに、霊的な流れと新しい人として生きる現実世界の流れができていました。

「智慧の道」と「行動の道」

この二つがわたしのなかで融合しながら流れていることを、『バガヴァッド・ギーター』

は「それでいいのだ！」と言ってくれます。

そうです、わたしのなかの二つの流れは、やっと、ここで、ひとつに合流するというわけです。

精神世界のことなど何も知らないわたし。三人の子どもを育てるために必死に働いていたわたし。まともに眠る時間も、柔らかなベッドに身を横たえる余裕もないわたし。師もいなければ知識もないわたし。

ただひとつあったのは、「どんなことも諦めない」でした。だから、大いなる存在は、わたしがたどり着くのを二十年以上ずっと見守り、待っていてくれたのではないでしょうか。途中で忘れたり諦めそうになったりするわたしに「ヴィジョンはどうした？」と呼びかけ、思い出させ、励ましてくれていたのです。

## 内的世界へ

数度の不思議な体験を通して、シンクロニシティが起こる背後に、いつも大いなる存在、神の意志があるのを感じるようになっていました。それが起こるたびに、導かれるように、一段また一段と、ゆっくりと階段を昇っていくようなのです。

二つのヴィジョンが『バガヴァッド・ギーター』に繋がるというシンクロニシティが起

きたとき、わたしはそこにはっきりした神の意志を知り、唖然としていました。わたしの魂を目醒めさせ、「本当のわたしは誰か」を思い出させた旅は、神の導きに他なりませんでした。わたしひとりでは到底かなわないことでした。

神は常にすべての人に、感情を超えた、幸せな世界に住まわせたいと背後から力を授けてくれているようです。喜びや怒り、悲しみ、苦しみ、さびしさ、虚しさ、哀れなど、わたしたちの色々な感情のなかにその姿を現わし、それらを超えた安らぎの世界へ導いてくれようとしているのです。もっと深いところへ、もっと普遍的意識の世界へ、もっと高次の内的世界の自分へと。

古今東西、多くの聖人たちが多くの聖典を残してくれています。しかし、残念ながらそれらは、普通の生活を送っているわたしたちにはとても遠くにある存在で、なかなか手にすることはありません。

そこで神さまは考えたのでしょうか？　小さな『バガヴァッド・ギーター』をごくごく普通の人のなかに表現することを。

「特別なものなど何もない」――普通のおばさんのなかにそれを見せることで、誰にも本当の自分に気づき、そこへたどり着く道があるのだ――と示してくれたのでしょうか。

一連の体験は、「あなたの御心のままにお使いください」というわたしの信条を、神は「よし、分かった」とお聞き届けになり、わたしを動かしてくれたのでしょうか。

広大な宇宙の流れのなかにバラバラに散らばったわたしたちの意識のかけら。その小さないのちが引き寄せ合い、共鳴し合って、形づくられていく。「意識が世界を変える」とは、「意識いかんによって現実は自由自在に変化するものですよ」と示しているのではないでしょうか？

本当は、固定された現実などないのかもしれない、すべてのものの意識が世界を創造している、とわたしは思うようになりました。意識は愛であり、光であり、いのちです。

長い旅が神秘な日々であったことに、わたしは驚き、感動で震えています。

粒子体験で終わったと思っていた旅は、その後もずっと続いていたのです。そしてこれからも続いていくのです。

「お母さん、あなたは、ひと粒の意識の種を大事に抱えて来世に持っていくのね！」

という娘の言葉だけが残っていました。

# （おわりに）森の呼吸に合わせて……

大きな森に繋がる小さなわが家。

わたしの暮らしはすべて、静寂のなか。

自宅での仕事や畑の手入れ、庭の掃除、ニワトリの世話、読書や散歩。すべてがシーンと静まった瞑想のなか。

「カーン、カーン」木を切る音が遠くでしています。

わたしは、今ここにいます。

いまここは、「ただ観る意識」のあるところ。「本当のわたし」があるところです。懐かしいような、切ないような……愛と畏敬の念が溢れるところです。


逃げるように秋は去り、六度目の冬がやってきて春も過ぎました。想いのままにこの世界を駆け抜けた次男の意識の種は、四十九年間の旅を終え、雪降る森を超えて、いのちの源へ帰っていきました。

宇宙のエネルギーは、さざ波のように、ときには粒子となり……この庭をすっぽり包みこんでいます。風はやさしく日常の上を吹き抜けていきます。次男の作業小屋から、ガチャン、シャリン、ガチャン、シャリンという機械の音に交じって、

「世界中にいるのさ〜夢かも〜しれない〜　……でも、その夢を追ってるのは〜真実〜いいじゃない〜夢かも〜しれな〜い、夢じゃないかも〜」と、微かに次男が歌う声が今でも聞こえてきます。

わたしは、森の流れに続くこの庭とリズムを合わせ生きています。

ゆ〜っくり、ゆ〜っくり……呼吸をします。


子どもの頃、揺れる木々の影が障子に落ちる薄暗い部屋。古いおばあさんのタンスとそれより少し新しい母のタンスが並んで置かれていました。おばあさんのタンスの引き出しには、古銭や軍人の勲章、飾り物などが無造作に入っていて、母のタンスの戸棚には、色とりどりの毛糸玉や端切れの布、そしてお針箱が入っていました。

雨の日は薄暗いこの部屋にもぐり込み、毛糸で猫の首輪を編んだり、お手玉を作ったり

して遊んでいました。本が好きだったわたしは、図書室から借りた本を読みふけり、（父がどこかで手に入れたのでしょう）古い「世界文学全集」があったので、夢中で読みました。

外遊びも運動も大好きで、弟と一緒に、木の枝を紐《ひも》でくくりつけたり繋いだりして、ハンドル、ペダル、チェーンと組み立てて木の自転車を作り、峠の道で競争しました。もちろん自力で走るのです。器用だった父は何でも作ってくれました。裏の竹林から採った竹でソリやスキー、竹馬、竹トンボ、竹笛を作り、さらには勉強机まで、魔法のように何でも仕上げるのです。

わたしの仕事は庭掃除。学校で遊び過ぎて、家に着く頃には一番星が輝いていました。うす紫のひんやりした大気の中で、竹の箒《ほうき》で掃くのです。掃除が終わる頃には真っ暗で、ザーッ、ザーッという音だけが残ります。その音を観る感じです。きっと、庭にはきれいな掃き目がついていたはず。

学校が休みの日になると、庭の片隅に山野草のマイガーデンを造ったり、大きな瓶に木や花をどっさり飾り、生け花をしたつもりで遊んでいたのを思い出します。

ああ、わたしはシャイで、お転婆な、小さい女の子だった。

あれから、六、七十年。人生、ずいぶん遠くまで来たものだと思っていたけれど、いまも、あの頃と何も変わりません。

終わりの始まりです。

「人生の旅は、すべて神秘に溢れ、導かれている」

ひんやりした夕暮れの庭で、すべてのものに感謝して手を合わせるのです。

「ありがとうございます」と。

二〇二三年五月

水谷フサエ

（解説）

# 人はエネルギーの存在なのです

白鳥　哲

「新たな感染者が増え……」

「ロシアがウクライナを侵攻し……」

「北朝鮮からのミサイルが……」

メディアから連日流れている報道を見る度に、心のなかが騒ぎ、不安や恐怖が広がってくるのではないでしょうか。断続的に外側で溢れる情報だけに目を向け続けると、答えが見えなく、行き場のない想いで苦しくなってくることでしょう。

一方、外側で起きている事象に反応している心の内に目を向けると、意識のなかには更に何層にも跨る意識の層があり、その層と呼応し、自分のなかにある記憶が外側で起きている事象に反応していることに気づけます。

そして、今、目の前に起きている「現実」は、どれだけの人々の意識のなかで同調して起きている出来事の総和であるのか、集合意識が選択して創り上げている現実であるのかが見えてきます。

筆者が、現代の象徴的な生活の場である「コンビニ」の世界で肉体を最大に酷使し、それによって体験したことは、「人がエネルギーの存在である」ことを証明しています。

そして、自分の身に置き換え想像力を広げ読み進めると、何層にも跨る意識の周波数の違いが筆者の体験を通して疑似体験できるでしょう。

「肉体が自分である」

と、多くの方々が思い込んでいる世界観から、エネルギーそのものの周波数の違いに気づき、それを見ている真の自分。

真我とも「アートマン」とも呼ばれている意識の体験。

そして、すべての真我を内包する愛。

ここには意識が何層にも跨ることの学びがあります。

そしてその層は、心の要素が生み出しています。

考え、思考するときに生じる周波数の世界。

目、耳、舌、触覚など感覚器官を通じて感じる周波数の世界。

怒りや悲しみ不安、恐怖など感情として反応する周波数の世界。

それらは、意識のなかでは微細なエネルギーの違いになり肉体への影響の仕方が変わります。

それらを「心」として捉え、私たちは四六時中反応しているのです。

心の要素は、古代インドの叡智では四つに分類されています。

「アハンカーラ」「チッタ」「ブッディー」「マナス」。

「私は〜である」と認識した時に生じるエネルギーが「アハンカーラ」。

その意識に感情的なものが結びつくことで生じる「チッタ」。

識別したり分析したりして思考を働かせると生じる「ブッディー」。

そこから欲望が生じる「マナス」。

意識の領域で生じる心はエネルギーを生んでいて、
そのエネルギーの周波数の違いによって性質に違いが生まれるのです。

こうした心で起きる反応に影響を受けずに常に変わらず自己を認識している意識の領域があります。


それは「魂」とも呼ばれていて、生まれる前から、そしてこれからもずっと自覚している意識の領域です。

その領域では、生まれる前の記憶や「これからどう生きるのか?」の未来に関わる意識も自覚しています。

そして、すべての魂、人間だけではなく、動物、植物、微生物、鉱物、地球、宇宙に連なっている「愛」の領域の世界があります。

愛の本質は、温かい粒子。

その愛の粒子で満ちている地球、太陽系、銀河系、宇宙全体。

内面を見つめ、そこに価値があることに気づくと自然に、穏やかで、不安や恐怖に反応しない状態になっていきます。

本書は、愛の粒子を感じ続ける「新しい人」に脱皮するためのガイドブックでもあります。

「二十世紀最大の奇跡の人」と呼ばれたエドガー・ケイシーは、新しい人類のことを「第五根源人種」と呼び、やがて、その世代の時代がくることを告げています。

この「第五根源人種（Five root face）」は、まさに根源である「愛」と繋がり続ける人たちのことを指します。

本書は現代を生きるすべての方々が辿る道標となることでしょう。

人はエネルギーの存在なのです。（しらとり・てつ　映画監督）

**水谷フサエ（みずたに・ふさえ）**

1947年福岡県英彦山《ひこさん》の麓で生まれる。20歳で結婚。夫の発病を機に専業主婦から居酒屋経営へ（35歳）。「知らない世界」を垣間見る（42歳）。コンビニ店長に（43歳）。自分の意識と初めて出会う（49歳）。「エネルギーで満たされた部屋いっぱいのわたし」を観る（50歳）。意識の粒子となって浮いていた、本当の自分は「意識の粒子」だったと知る（51歳）。その後、一連の体験の意味を問う旅に出る。コンビニ店長引退。森の生活へ（70歳）。『バガヴァッド・ギーター』に出合う（72歳）。本書を書き始める（74歳）。2023年５月脱稿。「わたしの人生すべては、この本を書くために用意されていた」と実感。すべてに感謝。

わたしは意識の粒子となって浮いていた

初刷　２０２３年６月20日

著者　水《みず》谷《たに》フサエ

発行人　山平松生

発行所　株式会社 風雲舎

〒162-0805 東京都新宿区矢来町122 矢来第二ビル
電話 〇三-三二六九-一五一五（代）
FAX 〇三-三二六九-一六〇六
振替 〇〇一六〇-一-七二七七七六
URL http://www.fuun-sha.co.jp/
E-mail mail@fuun-sha.co.jp

DTP 矢部竜二
印刷 真生印刷株式会社
製本 株式会社 難波製本

落丁・乱丁本はお取り替えいたします。（検印廃止）



ISBN978-4-910545-04-2

風雲舎の本

## 麹のちから！
——麹は天才です。

（100年、麹屋3代）山元正博

食べものが美味しくなる、身体にいい、環境を浄化する、ストレスをとる。
毎日、塩麹をとっていますか？

四六判並製◎［本体1429円＋税］

## 心を使う右脳の空手
——筋力を使わずに相手を倒す

（東京大学名誉教授）大坪英臣

65歳で空手を始めた。こんな世界があったのか？
ヒマつぶしが生きがいになった。

四六判並製◎［本体1800円＋税］

## 遺伝子スイッチ・オンの奇跡
——「ありがとう」を10万回唱えたらガンが消えました

（余命一ヵ月と告げられた主婦）工藤房美

「ガンです」と宣告されました。進行が速いので手術は無理。放射線治療、抗ガン剤治療を受けましたが転移が見つかり、「余命一ヵ月」と告げられます。著者はどうしたか？

四六判並製◎［本体1400円＋税］

## 「ありがとう」100万回の奇跡

（余命一ヵ月と告げられた主婦）工藤房美
（聞き書き）木下供美

「ありがとう」10万回でガンが消えた著者。その後100万回を超すぐらいになると、不思議なことが続出するのです。意識が宇宙に飛び出したみたい。

四六判並製◎［本体1500円＋税］

## いま、目覚めゆくあなたへ
——本当の自分、本当の幸せに出会うとき

マイケル・A・シンガー（著）
菅靖彦（訳）

マハリシは、内的な自由を得たければ、真剣に「わたしは誰か？」と自問しなければならないと言った。さて、あなたは何と答えるか？　心のガラクタを捨て、すっきり楽になろう。

四六判並製◎［本体1600円＋税］

## サレンダー
——自分を明け渡し、人生の流れに身を任せる

マイケル・A・シンガー（著）
菅靖彦・伊藤由里（訳）

世俗的なこと、スピリチュアルなことを分ける考えが消えた。流れに任せると、人生はひとりでに花開いた。

四六判並製◎［本体2000円＋税］

風雲舎の本

## ほら起きて！目醒まし時計が鳴ってるよ
――そろそろ「本来の自分」、宇宙意識である自分を思い出すときです。
（スピリチュアルカウンセラー）並木良和

ひとりが目醒め、高い周波数に上がっていくと、「高周波ステーション」となって、高い電波を発信します。周囲もその影響を受けて感応します。そういう習性があるからです。

四六判並製◎［本体１６００円＋税］

## アスペルガーとして楽しく生きる
――発達障害は良くなります
（発達障害カウンセラー）吉濱ツトム

大丈夫、あなたを生かす手段はある。適切な方法さえあれば、誰だって改善できる！

四六判並製◎［本体１５００円＋税］

## アカシックレコードと龍
――魂につながる物語
ジュネ（Noel Spiritual）

「スフィア」の声を聴き、龍と出会った私の旅。龍の声がした……〈お前は特別ではない。だから選ばれたのだ。だが、お前は自分を特別だと勘違いし……〉

四六判並製◎［本体１５００円＋税］

## 新しいわたし
――龍の大風に乗って、こんなところまでやって来ました
（中学校講師・生協理事長）二戸依里

ある日を境に、「あなたには白龍がついていますよ」「遠い星からたくさんの魂を引き連れていますね」などと言われるようになった。一体どうしたのでしょう？

四六判並製◎［本体１６００円＋税］

## 「バイオサンビーム」で病気が治った
――〝治る治療〟を追求してきたある医師の物語
（青木クリニック院長）青木秀夫

がん、アトピー、脳腫瘍、リウマチ、喘息、コロナもどき、そして病因不明の患者さん。片田舎の小さなクリニックに、患者さんが押し寄せています。

四六判並製◎［本体１６００円＋税］

## ゾルバとブッダ
――まずゾルバになる。ブッダはゾルバの中に眠っている。
（学校心理士）中村有佐

二十歳。孤独だった。ほんものの言葉を探していた。OSHOを知った。インドへ飛んだ。一語一語が突き刺ささってきた。ホンモノだった。あれから40年、青年はゾルバ（自由人）になれたか、ブッダに近づけたか。

四六判並製◎［本体１６００円＋税］